# 音のない世界でコミュ力を磨く

難聴うさぎ

KADOKAWA

初めまして、難聴うさぎと申します。

星の数ほどある書籍の中から、この1冊を手に取っていただきありがとうございます。

私は生まれつき耳が聞こえず、補聴器をつけて生活していて、現在、YouTuber、会社経営者、タレントとして活動しています。

なぜ『難聴うさぎ』という名前で活動しているのか。それは単純に『うさぎ』という名前が可愛いと思ったからです。

初めは「うさぎ」という名前で活動していたのですが、のちに『難聴うさぎ』と名乗るようになりました。偶然にも「ウサギ」は耳が特徴でもあります。もしかしたら、その群れの中に難聴のウサギがいるかもしれないと思い、この名前にしました。

私は幼い頃から好奇心旺盛で、何にでも常にチャレンジをする性格です。また、自分が完璧に発音ができなくても、一生懸命相手とコミュニケーションを取る努力もしてきました。それは今でも変わりません。

そして私は他にも障がいを抱えています。体が左右非対称で左足の骨を強制的に伸ばすためにたくさん針金を通したり、目はひどい斜視で手術をしたり……。現在も聴覚障がいとともに、突発性睡眠障がいも抱えて生活しています。

「障がい者」として生まれ、なぜ自分だけが不自由さや生きにくさを感じて、辛い思いをしなければならないのだろうと感じる場面に何度も直面してきました。その時に、こっそりと胸の中に秘めていたことがあります。

## 「私にしかできないことがきっとある」

私は「障がいは個性のひとつ」だと思っています。そもそも「個性」とは何なのか。結論からいえば「一人の人間として存在していること」ではないでしょうか。

正直、幼い頃から「障がいは個性だ」と言われることが苦手でした。なぜならそれを伝えてくる相手が障がいを持たない人だったからです。障がいを持つ当事者が口に出して言うならまだいいのです。

そして現状「障がい＝理解しなければならない」「特別扱いをしなくてはならない」と捉えられており、そこに高い壁がある気がするのです。

難しいと思われていることを少しでも減らしていくためのきっかけとなるのは、「知る」ことです。その「知る」ことに関して私にできることは、発信すること。

自分自身が障がいを受け入れられるようになってから「私が持つ障がいは個性のひとつだ」と思えるようになりました。それからは、暗闇だった日々に光が射し、自分の人生が輝きだしたのです。

最初は勇気がいりましたが、自身の障がいについてSNSで発信することで、私という存在を認めて受け入れてくれる人がたくさん現れたのです。活動を応援してくれる人の存在が今の私の生きる源となっています。

この本には、私がこれまで不自由さや生きにくさを感じた場面をどう乗り越えてきたのか、どうやって夢を叶えたのか、どのように障がいを受け入れられたのかなど、28年間をどう生きてきたのかを書きました。

障がいがある子どもにどう伝え、どう育てればいいか戸惑っている方も手に取ってくださっているのではないでしょうか。ぜひ私の話をお読みいただき、少しでも肩の荷を下ろしてもらえればいいなと思います。

障がいを持って生まれてきたからといって、「できることが限られている」わけではありません。人と話すのが好きなのに、耳が聞こえないのでコミュニケーションが難しい場面も多々ありました。しかし、自分なりの伝え方や聞き方で、私は今でも「人と関わるのは楽しい」と思えています。自分が不安に感じてきたことは、案外他の方法で解決できたりもするのです。

また、この本を通して、障がいのあるなしに関係なく、自分を変えることが怖かったり、一歩踏み出せない人にも勇気を与えることができたらと思います。

人生はたった一度きり。
どうか自分の人生に縛りを設けないで。
自分の人生だから、どう生まれても
やりたいことを思いのままにやってみたらいい。
この本を通して、あなたの背中を押せたら嬉しいです。

CONTENTS

Chapter 2

## 友人、恋愛、災害など……耳が聞こえない私の暮らし

Chapter 3

STAFF
ブックデザイン　西垂水敦(krran)、市川さつき(krran)
撮影　小川孝行
スタイリング　tommy
イラスト通訳®　山﨑史香、市川 泉(P75、P113、P159、P187)
※上記以外のイラストは難聴うさぎ本人作
DTP　秋本さやか(アーティザンカンパニー)
校正　麦秋新社
編集協力　井上穂南(Chapter1)
酒井明子(Chapter2~4)
マネージメント　小林航太(ASTOLTIA)
編集　篠原若奈

# Chapter 1

# 生まれた時から聞こえなかった

「どうして自分だけ音が聞こえないんだろう」と思った幼少期。
でも、人と話すこと・関わることがとにかく好きでした。
ここが自分のコミュ力の原点。
生まれてからインフルエンサーになる前までのお話です。

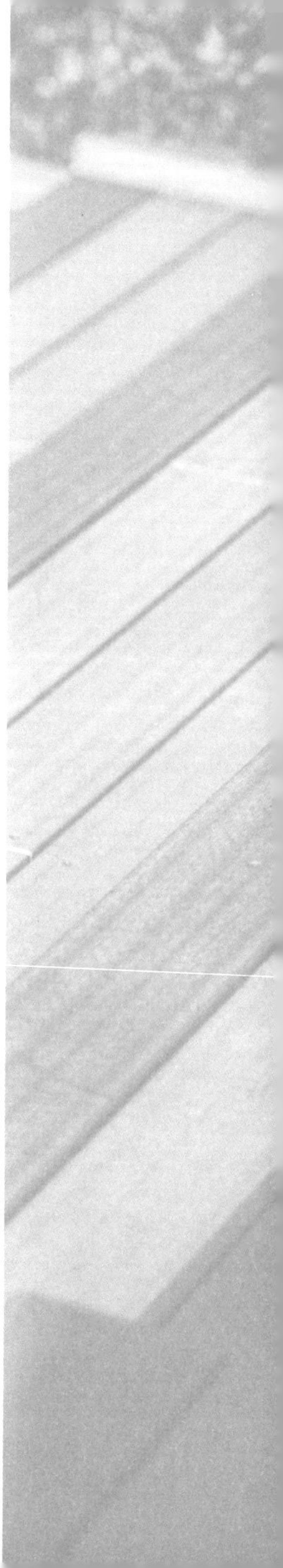

# 先天性の聴覚障がい

私は「先天性の聴覚障がい3級・感音性難聴」という診断を受けていて、2〜3歳頃から現在にいたるまで、補聴器をつけて生活しています。

ある時両親が私の名前を後ろから呼び、それに反応しなかったことから不安になり、病院で確認したのがきっかけだったそうです。

その後すぐの1歳半検診の時、脳波で聴力を見る検査「ABR検査」をしたところ、聴覚障がいであることが判明しました。実はこの頃、はしかにかかって高熱を出したことがあったそうです。それが原因なのか、他に何か原因があるのか病院の先生もわからないとのことで、理由は今も不明となっています。

診断名につく「先天性障がい」、これは生まれつき身体のどこかの場所に異常がある状態のことを指します。物心つくよりも前から、私は耳が聞こえませんでした。

## 補聴器がないと踏切の音も聞こえない

私の聞こえの程度は、補聴器を外すとほとんど聞こえないレベルです。踏切の音も、補聴器がないと聞こえません。補聴器をつけると、周囲の音が一気に「雑音」のような形で入ってくるため、聞きたいものを選べない感覚があります。風の音や草木が揺れる音も声と同時に入ってくるので、聞き分けも必要になってきます。

今は両耳に補聴器をつけており、聞こえの単位である「デシベル」で表すと、右耳は95デシベル、左耳は102デシベルです。90デシベルとは「うるさくて我慢できない」程度の音に近く、怒鳴り声やカラオケ（店内客席中央）などが該当するといわれています。

100デシベルとは「聴覚機能に異常をきたす」程度の音が近く、声楽のプロが歌う声や、電車が通る時のガード下などが該当するといわれています。

聞こえの程度に関しては4パターンあり、重い方から①重度、②高度、③中等度、

④軽度、となります。私は重度で、これは90デシベル以上の聴力の人を指しています。

さらに聞こえの種類については3パターンあり、①感音性難聴、②伝音性難聴、そして両方が含まれている③混合性難聴です。

①感音性難聴は、音を信号として伝える内耳という器官や聴神経に障がいのある場合で、②伝音声難聴は、音の信号が伝わる外耳・中耳に障がいがある場合を指し、そして③混合性難聴はその両方だといわれています。

②伝音声難聴の場合は、補聴器をつけることによって聞こえが整う可能性もあるけれど、①感音性難聴の場合は補聴器をつけても聞き取りづらいこともあります。

私は①感音性難聴といわれていますが、生活していく中で、③混合性難聴の可能性も考えられてきて、現在は定かではありません。

## 誕生と、母の思い

母は私の難聴がわかった時のことをこう話してくれました。

生まれた時はとても可愛くて愛おしかった。生後1、2日目は母子同室ではなかったため、授乳の度に会いに行けるのがとても楽しみで仕方なかった。こんなに愛おしいと思えるなんて、人生で初めて抱いた感情だった。

1歳半検診で、聴力と脳波の検査を行った時、結果として医師から告げられたのは「全く聞こえていません」という言葉。それまでテレビを見ながら踊っている姿を見ていたため最初は信じられず、医師に反論したことをよく覚えている。

代わることができるなら代わってあげたい、これからたくさんのことを経験していくはずなのにどうして娘が……と困惑する気持ちでいっぱいだった、と。

難聴だとわかった時、父と母は色々な本を読んだり、先生に聞いたりして私の障がいのことを理解しようとしてくれたそうです。

初めてのことだったので、受け入れるには時間がかかったと思いますが、真剣に向き合い、育ててくれました。

自分の難聴は物心つく前からだったので「なぜ自分だけ周りと違って、耳が聞こえないんだろう」という思いを自然に受け入れさせ、教えてくれたのも両親でした。

# 読《どく》唇《しん》術《じゅつ》で会話を始めた幼少期

3歳から4歳の2年間、私はろう学校の幼稚部に通学していました。5歳からは聴者の幼稚園に通い始め、日中は幼稚園に行き、週1回は幼稚園が終わった後に、ろう学校へ行くという生活を送っていました。

幼稚園では友人と口話でたくさんおしゃべりをする日々。周りが何を話しているかわからないため、口の動きを真似していました。その頃は読み取った言葉が合っているかどうかを確認する方法もわからなかったため、必死に読み取って理解することに集中し、読唇術はその中で少しずつ自然に身についていきました。

ただ、全てがわかっていたわけではありません。例えば、お昼にお弁当を食べる際、みんなが「おいしいお弁当をいただきます」と言っていたところ、私が言っていたのは少しだけ違う「おいしいお昼をいただきます」だったことがあります。おそらく「こうだろう」と、幼いながらもみんなと同じことを言いたかったのだと思います。

また、出席確認などで自分の名前を呼ばれた際、「はい！」と他の誰よりも大きく、声が嗄《か》れるほど叫ぶように返事をしていました（笑）。答える言葉が正しいとはっきりわかっているからこそ、とても喜んで自信たっぷりに返事をしていたのです。

一方、ろう学校では、発音の練習で口の動かし方、舌の位置の使い方を教えてもらったり、聴力検査を受ける日々を送っていました。


幼稚園に通うようになり、ろう学校へ行く頻度は減ってしまったのですが、イベントには参加していました。学校の先生や友人とも仲が良く、それぞれの場所が近かったことや「発音の練習をする」という目的があったため、定期的に通うことができたのだと思います。

またろう学校の文化祭の時は、初めての劇で主役級のうさぎの役を演じたことがあり、とても大きな声で堂々と演じていたと母は話してくれました。

そして、土日に発音の練習に行くこともありました。後に母から聞いた話ですが、声を出す練習について、私は「嫌だ、嫌い」と言っていたそうです。これはおそらく聞こえない中で発音の違いを何度も何度も指摘されていたのがつまらなかったのではないかな、と今では思います。

嫌いだったろう学校での発音の練習は、結局中学生まで続くことになります。

## ピアノを始めた理由と、好きなことから離れた理由

幼少期から歌うことが大好きな子どもでした。家で歌うこともとても多く、母がピアノの先生をしていたことから日常でピアノに触れることも多かったです。

習い事は、母に習うとケンカになりそうだったので、別のピアノ教室に通っていました。音程は今でもわかりませんが、ピアノの楽譜の読み方と鍵盤の弾き方は先生が教えてくれたので、楽譜通りに弾くことができます。

小学生の頃、音楽の授業で合唱の練習が始まると、大きな声で歌うのですが、ある時、私が歌い始めるとみんなが振り返ることに気づきました。

私は、だんだんと歌うのが恥ずかしくなりました。

家族の前でもよく歌っていたのですが、ちょうどその頃、母から「音程がすごくバラバラだよ」と言われたこともあり、合唱で自分の歌声が周りと合っていないのでは？　と思うようになったのです。

それをきっかけに、私は小学校高学年の頃から合唱コンクールや卒業式などで歌うことを避け、ピアノの伴奏を担当するようになりました。

歌とピアノについては、今でも大好きであることに変わりはありません。

なので、自分が難聴だからという理由で音楽から離れようと思ったことはなく、ピアノも上手くなったので、より音楽が好きになりました。

# とても好奇心旺盛だった小学生時代

幼稚園の頃から小学生にかけて、他にも好きだったことがいくつかあります。絵を描くこと、アニメを見ること、漫画を読むこと、スポーツをすることなどです。

小さい頃から自分に対してとても自信のある性格で、苦手なことは特になく、何にでも興味を持ち、何でもチャレンジする、とても好奇心旺盛な子どもでした。

そして同時に、とてもわがままな子どもでした。周りの友人の表情よりも自分に気が向いていて、いつも「自分、自分！」な性格だったと思います。

友人とおままごとをする際には相手の役割を勝手に決めていたし、「これ持って来て」「これやって」など指図や命令をすることは日常茶飯事。周りにもそれを受け止めてくれる友人が多く、自分がわがままを言っていることにも気づいていませんでした。

そうして生活していた小学4年生の時、ひとつの大きな出来事が起こります。ある日の放課後、私は仲の良い友人と一緒に廊下を歩いて、下駄箱へ向かいました。ちょうどその日は学校に用事のあった母が後ろを歩いていたのですが、家に帰宅した後、私は母にこう言われたのです。

「お友達が、ゆいちゃん（本名）ってすごくわがままだよね、と言っていたよ。だからもう少し人の気持ちを考えた方がいいよ」

この言葉で自分のそれまでの言動が良くなかったことを知り、意識してわがままを直すようになりました。もしかしたらそれまでもこっそり言われていたのに、聞こえていなかっただけかもしれません。

だからこそ、その時隠さず指摘してくれた母にはとても感謝しています。

そして、耳が聞こえていたらもっとわがままで女王様のような、もしかするといじわるな子になっていたのではないかと、ふと思う瞬間があります。

好奇心旺盛でたくさんのことに興味を持つけれど、聞こえない分、おそらくゆっくりと成長していた部分があり、だからこそわがままな部分をしょうがないと周囲に「許されていた」のかな、と今では感じることがあります。

そしてわがままな女の子から変わることができたのは、周囲にいた大人がおそらく注意深く見ていてくれたからだろうと、このことがきっかけで気づくことができました。

## 校長先生の話は100％わからない

学校生活の中で苦手だったことがいくつかあります。一番は校長先生の話で、これは先生の口の動きが距離も遠くて全く見えないため、何を話しているのか一切わかりませんでした。

他にも、遠足などで先生のもとへ集まって、パンフレットなどを見ながら説明を受ける時間も大嫌いでした。何を話しているのか全くわからないし、読唇術を使っている時は口を読み取った後、話している内容を理解する必要があるからです。

これには結構エネルギーがいるので、特に読唇術を始めて間もない小学生の頃は、こういったことが続くととても疲れていました。

話している人が遠くにいて、理解できない「無」のような時間や、周りの行動を見て「こうかな？」と思う不安さ、何かを聞き逃しているかも？　と思ったりするのがきつくて、集団行動はかなり苦手でした。

## 友人とともに過ごすのが好きだった

この頃の私は友人と遊ぶことがとにかく楽しく、外で鬼ごっこやかくれんぼ、ケイドロという遊びをよくしていました。

また、友人の家に遊びに行ったり、自分の家に呼んだりして、お菓子を食べながらお互いの漫画を貸し借りして読んだり、一緒に絵を描いて見せ合ったりしました。

毎月発売される『ちゃお』や『りぼん』、『なかよし』などの漫画を友人が貸してくれたことがあり、その影響で、少女漫画の世界にどっぷりとハマりました。

それ以来、自分でも毎月自転車でスーパーへ行ってはお小遣いで買うようになり、何度も何度も読んでいた思い出があります。

少年漫画は、『ドラゴンボール』や『名探偵コナン』、『遊☆戯☆王』などのコミックスが家にあったため、よく読んでいました。毎日、日が沈むのがとても早く感じるほど、とにかく楽しい充実した日々を過ごしました。

友人と遊ぶことは大好きでしたが、中でも会話の少ない遊びが多かったです。

## 当時のアニメは字幕がなかった

小学生の時、父がレンタルビデオ屋さんに毎週連れて行ってくれました。見たいアニメを字幕がなくても何を話しているのか妄想・想像しながら見ていた記憶があります。また、テレビに字幕翻訳ができる機能がありましたが、当時は字幕つきで見られるテレビ番組も少なかったです。

母は、私が妹（聴者）と音声ありで見ている時も、ろう者の幼馴染と無音で見ている時も同じように笑っているので、本当に聞こえていないんだ……と改めて思ったそうです。ちなみにその頃はよく『志村けんのバカ殿様』という番組を見て、幼馴染と2人で大爆笑していました。

## 水泳と読唇術

ピアノ以外に習っていたのは水泳で、3歳の頃から始めました。もちろん水に弱い補聴器は外していたので、例えば進級試験などの泳ぎ始め、スタートの時にはスクールの先生が肩を叩いてくれるなど、すごくサポートをしてくれたのを今でも覚えています。

泳ぐ前の準備体操の時間には音楽がかかっていたようですが、補聴器なしの私にはわかりません。とにかく目で追って、みんなの動きを見て真似していました。

**水泳スクールでは特に、補聴器のない状態で口の動きを読んで話を理解していたため、これが読唇術に慣れていくひとつのきっかけ**になったと感じています。

# 「聴覚障がい」についての葛藤《かっとう》

私は、小学生の頃仲良くなった友人に、聴覚障がいのことをあまり説明した記憶がありません。

説明自体はほとんどしなかったものの、友人関係は良好でしたし、毎日一緒に遊ぶことがとても楽しかったのです。もしかしたらその時の関係で充分だったので、「あえて」言わないことを選択していたのかもしれません。

ただ、自身の聴覚障がいについて、強く意識していたこともあります。当時は髪を結ぶことがとても嫌で、一切結びませんでした。これは髪を結ぶと補聴器が見え、ジロジロと視線を感じることが嫌だったからです。自分が周囲と違う人間だということを、視線によって思い知らされないよう、心が痛くならないように隠していました。

だから肩ほどまであった髪を毎日下ろし、補聴器が見えないよう、小学生ながら気を遣っていたのです。

2歳の頃、島根に引っ越す前、東京のろう学校にも数ヶ月通った時期がありました。私の行っていた東京のろう学校では、「手話」は学ばず、「発語・口話」のみを学ぶ方針でした。

そのため、生まれ育った島根県のろう学校で「手話」と「発語・口話」のどちらをこれから学んでいくのか選ぶ際、両親の「大人になっても一人で生きていけるように」という思いと、既に私は聴者の中で生活しており、聴者に合わせるため、という2つの理由で「発語・口話」を選択しました。

そういった背景の中でも、両親はこの時選択しなかった手話と関わるきっかけを持たせてくれ、手話サークルに遊びに行ったこともあります。

しかし、当時の私は手話に興味を持てず、続きませんでした。自分で自分を「聞こえない人」だと、幼いながらに認めたくなかったのです。

それどころか、手話は覚えたくないとさえ思っていました。その後、近所にろう者の男の子が住んでいるのを知り、普通に話しかけたのですが、何も反応がないことに驚き、母に聞いたところ、「あの子の家族は全員がろう者で、ゆいちゃんと同じで耳が聞こえないのよ」と教えてくれました。

「私や幼馴染（ろう者）はしゃべれるのに、どうしてあの子はしゃべれないんだろう？」と当時は不思議に思いましたが、彼との会話には手話が必要だと知り、簡単な手話（おはよう、こんにちは、など）や指文字の五十音を覚え、勇気を出して手話で話しかけました。

後にわかるのですが、家族全員がろう者である彼の家では、会話が全て手話で行われていたのです。

手話が通じた時は喜びましたが、その子が引っ越して会えなくなってからは、手話をより多く覚える気持ちにはなりませんでした。大人になってから、手話を覚えようと思う出会いがあるとは思いもよらずに……。

# 大人数よりも少人数の方が楽

私は幼い頃から目立つことが大好きな子どもでしたし、目立つことが向いている性格だとも思います。

幼い頃からとても活発で、文化祭や体育祭などでは目立つために何ができるかを考えて動いていました。全校集会や校長先生の話など、ただただ話が全く読み取れないままじっとしていなければいけない時間は、とても苦痛でつまらない時間でした。

それよりも自分自身が目立ち、動けば、することや仕事がはっきりわかるし、求めている人、話したい人は直接自分に声をかけてくれる、そう思ったのです。耳が聞こえなくても人とコミュニケーションを取りやすい方法を、自分なりに考えていました。

実際、大人数での会話は読唇術で読み取りづらいため、少人数で話す方が圧倒的に楽でした。何も読み取れず何も生み出さない2時間より有意義な2時間を過ごしたいと常々感じていたため、自分から進んで活発に動くことを大切にしていたのです。

目立つことで自分に人が寄ってくるようにしていた一方で、大人数で過ごすことの難しさと葛藤もありました。例えば、仲良くなった女の子が5人以上のグループになって話し始めると、私は読み取りについていくことができず、話しづらさを感じていました。

同時に動く唇、誰から話し始めるかわからない状況では読み取りのスピードも格段に上がります。その中で自分が話したい内容や意見を脳内でまとめ、自分も発言することはとても困難で、ついていけませんでした。

自分の中で思いついた意見があっても、他の子が既に話した内容とかぶっていたら申し訳ないと思うと口を挟めず、大人数の中で発言する難しさを強く感じました。

大好きな遊びを通して、こんなエピソードがあります。それは花いちもんめやフルーツバスケットなど、大人数で行う遊びでのことです。

例えば、花いちもんめは、遊んでいる人から名前を呼ばれるタイミングがありますが、これが私にはわかりません。現在の私であれば「名前を呼ばれたら教えて!」と周囲に頼むことができるのですが、その時は勇気が出なくて誰にも言えませんでした。

また、フルーツバスケットの場合、問題の出題者が「バナナの人は移動!」と決めたとします。それも私は周囲に大人数が集まっている状態のため、どのタイミングで言葉を読み取るのかがわからず、結果、参加できませんでした。

みんなと遊ぶことがとても好きで楽しみたいのに、参加できないという事実がすごくショックで、私はだんだん参加するのを諦めるようになりました。「一緒にしたい!」と、もし周囲に言えたなら友人たちは快く受け入れてくれたと思うのですが、当時の私はそれを申し訳なく感じ、言うことができませんでした。

## 体育の授業や斜視について

バスケットボールやドッジボールを行う体育の授業も大好きでした。

でも、運動中に声をかけられてもわからないため、ずっと周囲を観察しながら動いていました。

実は幼稚園時代に斜視のため2泊3日の入院をして、手術を受けていた私は、この点で困ったことがありました。

目が疲れてくると、ボールが2つに見えてしまうのです。すると、どちらが本物なのかがわからず、何度も突き指や骨折をしました。

それでもスポーツは好きだったため、昼休みを使ってシュートの練習をして遊ぶこともありました。でも授業になると、字が何重にも見えたりして、ついていけない苦しさを抱えることになったのです。

8年間かかりましたが、2つに見えるものをひとつに合わせるリハビリを独自で編み出し、毎日それをやっていたら、中学に上がった頃には2つに見えることはなくなりました。

# 片方の足だけヒールを履く生活

# 手術と車椅子。

私は生まれつき、「右半身肥大症」という病気でした。

この病気は右半身が大きく、左半身が小さいという状態で、右脚に比べ左脚がとても短かったのです。脚の手術を行う7歳までは、左足にだけ厚底のヒールを履いて過ごしていました。

また、足のサイズも右の方が大きく、靴は右に合わせるので右よりも小さい左はいつもブカブカでした。それを見た父は、つま先のところに硬めのスポンジをカッターで切って合わせて入れ、脱げないようにしてくれました。

そして、小学1年生の頃、右半身肥大症の手術をすることになりました。

用いたのは「イリザロフ法」という、伸ばしたい部分の骨をあえて一度骨折させ、骨折が治る時のメカニズムを利用した延長法です。創外固定器という器具を体の外から骨につけて、骨がくっつこうとするのをだましだまし伸ばしていく方法なのですが、1日1ミリくらいの速度で伸びていきます。筋肉や神経、血管も問題なく延長できるのです。

入院中、初めて車椅子に乗ったりと新しい経験を色々としましたが、手術から幾日か経つと、松葉杖を使って歩けるようになりました。

退院してからも数ヶ月は左脚に固定器がついたまま学校へ通っていましたが、朝早く起きて通学するのが苦手な私にとっては、母の車での送り迎えはとても嬉しかったです。

母は毎日、固定器がついている左脚を水で濡らしたタオルで拭いてくれたり、すぐに伸びる脚の毛をハサミで切ってくれたりしました。また父は水が被らないよう、左脚全体を覆うようにビニールをつけてお風呂に入れてくれました。父とお風呂に入りながら楽しく発音の練習をしていたことも、今では良い思い出です。

創外固定器を外す時は、外側から骨まで刺さっていた棒状のボルトのようなものを、麻酔もなく意識がある状態で抜かれました。小学1年生の私にはものすごく痛くて、泣いたのを今でも覚えています。それからは開いた穴が塞がるまで、半年間はギプス生活でした。

学校では松葉杖で過ごしていましたが、当時はトイレが和式しかなく、私のために一部洋式に変えてくれたり、階段に手すりをつけてくれたりと学校側からのサポートがありました。

ギプスが外れた時は、膝が固まってしまって曲がらなかったので、リハビリで曲げる練習をしました。

完全に曲がるようになるまで半年以上かかりました。太ももの裏とふくらはぎの裏がピッタリくっついた時は、飛び跳ねて喜んだものです。

1年が経ち、小学2年生のある時、外で遊んでいると地面に落ちている石を見つけ、それを特に深く考えることなく蹴ると、その衝撃で左脚のすねの骨が折れたこともあります。救急車で運ばれ、しばらくギプス生活になりました。

手術で伸ばした骨の部分がまだ柔らかかったため、骨折したのだと思います。また、ギプスが外れてから気づいたのですが、左脚を固定して一切動かしていなかったことと、それをかばうように歩いていた影響で、右脚がとても太くなり左脚が細くなってしまっていました。

そして残った手術痕はその後も大きなコンプレックスになり、短いスカートがはけない状態に……。今は気にしていませんが、当時はとても悩んでおり、施術は受けなかったものの、美容整形外科に相談に行ったこともあるほどです。

そうした生活の中で唯一救いだったことは、松葉杖姿であることが目立つため、「耳に注目されないこと」です。それは当時の私にとって嬉しくもあり驚きでもあり、とても鮮明に覚えています。

# 勉強は大好きだが、授業は好きではなかった

授業が好きでなかった理由は3つあります。1つ目は、名前を呼ばれるタイミングがわからなかったこと。いつ名前を呼ばれるんだろうとハラハラして自分の「生きにくさ」を痛感していた気がします。2つ目は、難聴のため席を自由に選べず、常に一番前だったこと。そして3つ目は2つ目と繋がりますが、席替えに参加できなかったことです。

いつも見える景色が同じだったのもつまらなかったのかもしれません。先生方の気遣いだとわかってはいても、自分だけ席が決められているのが、当時はとても嫌だったのです。

ただ、勉強自体はとても好きだったので授業にはついていけていましたし、疑問に思ったことは先生に直接聞きに行っていました。

勉強が好きだったのは元々の好奇心がとても強かったことと、両親が準備してくれていた『こどもちゃれんじ』や『進研ゼミ』などの教材を、幼い頃から遊びだと思って母とともに取り組んでいたことが大きかったのではないかと思います。

## 「通級」という、遊びの時間

通級とは「通級指導教室」の略語で、【障がいによる学習面や生活面における困難の改善・克服に向けた指導の場】として定められているものです。

私の場合は先生とコミュニケーションを取るためという目的があり、小中学生の頃は毎週1回、放課後に通う特別な教室という認識で通っていました。

その先生は学校の外からやってきた先生で、小学生の時は先生と一緒にダーツをしたり、ホットケーキを作ったり、発音の練習をしたり、とにかく自由に遊んでいました。

実は、通級ではなく学童保育に同級生たちとわいわい通いたい気持ちも少しだけあったのですが、この時間は今でもかけがえのない思い出です。

# 中学生になり、入りたかったけれど選べなかった部活動と入部した部活動

中学生になり、バスケットボールに興味を持ちました。部活動にも正直入りたかったのですが、ボールが耳にぶつかり補聴器が壊れるリスクや、水に弱い補聴器が汗で壊れる可能性を考えて入るのをやめました。

その後、音楽が好きなため吹奏楽部も考えましたが、私は集団に合わせることが苦手だったため、もうひとつ好きだった「絵を描くこと」から、美術部に入部することに決めました。

幼い頃から絵や漫画を描くことが好きで、一時期漫画家を目指し、インクや専用のペンなどを使って漫画をたくさん描いていました。描いている時間は楽しく、今でも漫画のストーリーを描いたノートはたくさん残っています。

# オーディションの応募用紙を何度も書いた日々

小学生の頃からずっと、東京に行きたいという夢がありました。私の母は元神奈川県民で、父は島根県民。その関係から私は神奈川県で生まれ、2歳の頃に島根県に移り住みました。

母方の親戚が神奈川県在住のため、幼い頃からよく神奈川や東京に遊びに行っており、東京は馴染みや思い出のある土地だったのです。

モデルや芸能界に小学5年生の頃から興味があった私は、テレビに出たいと強く考え始めます。有名人はみんなに注目されていてかっこいい、自分もそうなりたいと憧れを持つようになりました。

とにかく東京に行き、芸能やテレビの仕事がしたかったのです。両親からは「一人でどうやって生きていくの」と上京することを反対されたのですが、それでも気持ちは消えず、自転車で家を飛び出したこともありました。

当時住んでいたのは島根県。幼い身体で自転車に飛び乗り東京に向かおうとしたのですが、日暮れとともにお腹が空き、2～3時間で家に帰りました。


中学生になってからは『n・i・c・o・l・a』などのティーン誌を買うようになり、その後ろのページにあるオーディションの応募用紙を何度も何度も書いては「送って！」と両親に頼み込む日々。熱い思いをしたためた手紙はどんどん増えていきました。

中学では担任の先生に「芸能界に入りたいです」と伝えたこともあります。

当時の先生はそれを一切否定しませんでした。


夢を語る反面、内心では耳のことで強く悩んでおり、「耳が聞こえないから無理だろう」と言われるイメージが消えず、とてもネガティブな感情を抱えていました。だからこそ、先生から否定されなかったのはとても嬉しいことでした。

今考えると、優しい人たちばかりが周囲にいてくれたのだと思います。

# チャットにドハマり。理想の世界を見つけた

中学2年生の頃、全国の人とチャットで話せるサイトがあることを知り、興味が湧いたので使ってみることに。見つけたのは学生ポータルサイトの『キャスフィ』でした。父のパソコンでログインすると、ちょうど表示されていたのは「中学2年生集まれ！」というタイトルのグループでした。

気になって入ると、それがとても楽しかったのです。話しているのは他愛のない雑談などだったのですが、耳のこともあり、普段の生活ではあまり雑談などができなかった私にとって、聴覚障がいがあることが全く関係しないチャットの世界はとても居心地がよく、どんどんハマっていきました。

チャットでできた友人には耳のことをあらかじめ伝えることはしませんでした。その後打ち明けたこともありますが、お互いの内面や性格を知った上で仲良くなったため、本当の友達になれた感覚があり、とても嬉しい気持ちになりました。

チャット中は時間も忘れ、長い時には早朝の4時や5時まで続けたことも。盛り上がってくると「あははは」と笑う声が家に響き、明け方までパソコンを触りながら笑っている状況が家族にバレ、気味悪がられていたようでした。

その後、チャットにハマったことで学力がどんどん落ちていき、父からパソコンを取り上げられ、何度も喧嘩をしました。

それでも、父が寝静まった頃に取り上げられたパソコンをこっそりと取りに行ったこともあるほど、チャットの世界はとても楽しくてかけがえのない時間でした。

## 作文の県大会で最優秀賞。それは驚きの連続だった

中学生の頃、人権作文に困った私は自分のことを書いてみました。作文は好きではなく、例年、よくあるテーマで書いていたのですが、ある時ネタが尽きてしまいました。地球温暖化やゴミ問題についても、もう書いてしまい、次に書くことが思い浮かばなくなってしまったのです。

そこで中学3年生の時、なんとなく、自分の耳のことを書いてみようと思いました。書き始めると筆はスラスラ進んでいきます。

全てが経験談なので、書くことに困らないのです。そうしてサラッと全部書き終えたものを、「宿題」として書いただけだからと特に何も考えずに提出。すると後日、国語の先生に職員室に呼び出されました。

そして、「これは素晴らしい。クラスの代表に選びたい」とまさかの言葉をもらいます。そこからは国語の先生に添削や言い回しの修正アドバイスをいただき、あまり気乗りはしなかったのですが、クラスの代表として全校生徒の前で発表することになりました。

気乗りしなかった理由としては、当時から中学卒業後はみんなとは違う学校に行こうと決めていたからです。そのため、残りの中学生生活は卒業式まで無事穏やかに過ごせたらと思っていたのです。

目立つことは好きでしたが、当時思春期もあってか、自分の耳のことで注目を浴びるのにはすごく抵抗がありました。最終的には目立ちたい気持ちや、「話したことでどんな変化が生まれるのか」という好奇心が勝り、がんばって作文を読むことに。全校生徒のみんなの前で読んだ時、クラスメイトや友達は「作文良かったよ」と言ってくれたのを覚えています。

それからしばらくはいつも通りに学校生活を送っていたのですが、ある日、その作文が島根県大会で最優秀賞に選ばれました。なんと、4721人中の1位に選ばれたのです。

新聞にも取り上げられ、自分の顔写真も掲載されるという状況。新聞に掲載されてからは家に月1回のペースで「感動しました!」と手紙をくれる方が現れたり、実際に読んだ会場で泣いている方もいました。驚きばかりでついていけないように感じていましたが、同時に「耳が聞こえなくてもいいんだ」と、次第に大きな自信に繋がっていくことになります。

私はそれまでずっと手話を覚えたくないと思っていましたし、小学生時代から中学2年生まで、願いは全て「耳が聞こえるようになりますように」。これが私の唯一の願いで、揺るぎないものでした。

そんな中、聞こえないことを書き記した作文を周囲が認め、評価し、受け入れてくれたのです。

周囲がこうして受け入れてくれたという体験は、自分自身が自分のことを、「聞こえないまま受け入れて、認めていいのだ」という大きな気づきになりました。

## 中学卒業後は友人関係を変えたくて

中学校に入学した時、同じ小学校出身の友人が多くいました。新しい友人もできましたが、耳のことや私の性格などを知っている友人が多かったため、特別自分の耳の説明をすることもあまりありませんでした。

私はわくわくすることが好きなため同じような環境が少し嫌で、中学卒業後は、自分のことをほとんど誰も知らない学校に行こうと決意しました。

### 高等専門学校に進学することを決意

当時からゲームが大好きだった私は、東京や芸能関係への夢や憧れを持ちつつ、大好きな『ドラゴンクエスト』を作っているスクウェア・エニックスや、レベルファイブなどのゲーム会社に入り、ゲームを作る仕事をしたいと考えていました。

そして理系分野が得意でもあったため、高等専門学校の受験を決意します。


島根県の高等専門学校は、機械工学科、電気工学科（現・電気情報工学科）、情報工学科、電子制御工学科、環境・建設工学科の5つの学科に分かれていました。

私はまず情報工学科、電子制御工学科、機械工学科の順番で希望を出したのですが、チャットにどっぷりハマっていたことで成績が落ちていたため、先生から「第3希望を変更しないと落ちるぞ」と言われてしまいました。


そこで第3希望の候補に上がったのは、環境・建設工学科。けれど、私はこの環境・建設工学科を候補に入れるのを一番避けていたのです。

なぜなら我が家は父が現場監督、父方の祖父は建築会社の社長、母方の祖父は大工、母の兄はリフォーム会社勤務という、一家がほぼ全員建築関係な家系のため、「同じような人生を歩みたくない」「私は違う分野で目立ちたい」と思っていたのです。

ですが、どうせ第3希望にはならないだろうと思い、結局、第3希望を環境・建設工学科に変更し、受験することに決めました。

その後、無事合格。受かった学科は「環境・建設工学科」でした。父は喜んでいたものの、私は「まじか……」と頭の中が衝撃でいっぱいになったことを覚えています。

## 始まった高専生活

入りたかった科ではなかったものの、高等専門学校での生活はとても充実し、楽しい5年間でした。

まず、近隣の学校の中で一番制服が可愛かったため、それを着られるだけで気分が上がりました。そして、中学校までは距離の問題で徒歩通学しか認められていなかったのですが、高専は自転車通学。私は朝に弱く、徒歩と比較して少しだけ長く寝ていられることが嬉しかったのです。

高等専門学校は5年間。ずっと一緒に過ごせる友人や仲の良い先輩、先生などもでき、部活動は同好会に参加しました。

元々入りたかったのは運動部や演劇部ですが、運動部は汗や衝撃で補聴器が壊れるリスクがあるため選ばず、芸能界への夢の実現のため選びたかった演劇部は、高専にはありませんでした。

そこで、「郷土研究同好会」と、仲の良い先輩が在籍していた「伝統文化愛好会」という2つの同好会に参加しました。「郷土研究同好会」は旅行の同好会で、「伝統文化愛好会」は百人一首やかるた、書道などの愛好会。ここは後に書道部に変わりましたが、みんなとても仲が良く、のんびりした雰囲気が好きだったため継続しました。

そして高専2年生の頃、仲の良かったサッカー部の顧問の先生に声をかけられたため、1年間のみマネージャーも務め、とても充実した放課後を過ごすことになります。

勉強に関しては楽しさより「学ぶべきもの」という感覚で取り組んでいました。
CAD（コンピューターを用いた設計ツール）を使って建物の設計図を描いたり、セメント（原料）に砂・砂利・水を加えてコンクリートを造ったり、水の性質を学ぶ水理学、測量学など、2級建築士の受験資格を得たりと、今までに経験のなかった専門的な分野の知識を習得していきます。

測量は、漫画『ONE PIECE』に出てくるナミが地図を書くように学校全体を測り、学校のマップを描いていました。

**自分のことを誰も知らない心機一転の高専生活は新しい自分になれたよう**でとても楽しかったし、気楽でした。

環境を変えてみるというのは、自分を変えるためにも良いきっかけになるのかもしれません。

中学卒業後、今までの環境と少し変わったことで、自立心のようなものが芽生えたと思っています。

# 始まる就職活動。志望先は大手にロックオン

就職活動が始まり、今後の人生に活かせるよう大手に行きたいと早々に決めていた私は、早速担当の先生とともに大手志望で就職先を探していきました。

次に進めたのは、その選択した就職先に「障がい者雇用枠」があるか否かの確認です。これは担当の先生が1社1社電話で尋ねてくださいました。その中でも一番対応が丁寧だ、と先生が仰っていた住宅メーカーの大手S社に絞ることに決め、障がい者雇用の枠でインターネット応募をしました。

そして就職活動は進み、試験と面接本番の日。S社は島根県にもあったのですが、幼い頃から上京すると決めていた私は、東京勤務を第1希望にしました。

人事部の方に「なぜ働く場所は東京がいいのですか？」と聞かれて、「東京で暮らしたいという憧れがあり、また、親戚もいるため、安心して生活していけると思ったからです」と話して納得してもらえました。

結果は無事、東京・町田市にて内定。高専5年生の4月のことです。幼い頃から願い続けた東京に、実際に住めることが決まった瞬間は夢のような気分でした。

学年の中で一番に内定をもらったため、勉強以外のことに夢中で当時の成績があまり良くなかった私が一番先に就職先が決まるなんて……と、先生方やクラスメイトたちはとても困惑していました。

しかも内定をもらったのは大手のS社だったので、みんなの目が点になっていたのをよく覚えています。

# 特発性過眠症の発症。会社を退社

住宅メーカーのS社に入社後、午前中は与えられた仕事をこなすのですが、私は作業スピードが早い方だったため、午後には自分で仕事を作る必要がある状態になっていました。

私は与えられた仕事をこなすことは得意でしたが、自分で仕事を作ることが苦手だったため、上司に新しい仕事をもらう毎日。ですが、それも急を要する案件ではなく、納期も余裕のあるものだったため、すぐにボーッとしてしまっていました。

そのボーッとした感覚は午後の間中ずっと続き、どんどん退屈に、そして眠たくなってしまい、実際に寝てしまうことも多くなってしまいました。

寝てしまわないように、ガムを噛む、氷を口に含む、手の甲を指でつねって痛みを感じるなど色々工夫もしました。また、毎日9時間以上の睡眠を取っていましたが、効果はありませんでした。

当時、隣の席だった先輩が私のその様子に苛立ち、鉛筆や物差しを投げてきていたのですが、私はサボりではなく無意識のうちに寝てしまっていたので、そうして起こしてくれる先輩に感謝しているほどでした。

このように寝てしまう状態が続き、自分自身も困っていた頃、上司などから「これだけ寝てしまうのは異常です。精神科を受診してきた方がいいと思います」との助言を受け、精神科に行ってみることにしました。

まず行ったのはA病院。ここでは、診察が始まってすぐに「あなたはうつ病です。その眠気も、うつ病から来る睡眠障がいでしょう」と言われます。

そう診断された時、私は想定外のことだったので驚き、同時に他に原因があるんじゃないかと思っていました。ただ、病院の先生は「あなたはうつ病ですね」の一点張り。

思い当たることがなかったため、混乱しました。

精神的な部分でダメージを負っているのかと上司が心配してくれての受診でしたが、「自分がうつ病なら、他のみんなもうつ病の要素を持っているんじゃないか」とも思ったので、「うつ病」がこの症状の原因ではない気がしていたのです。

A病院がそうした診断で終了してしまい納得できなかった私は、次にB病院でもう一度診察を受けることにしました。そこでは1泊2日の検査入院をすることとなり、実際の睡眠を測っていただきながら、検査を受けることができました。

検査の結果は、【特発性過眠症】。

慢性的な睡眠不足がない状況下においても、強い日中の眠気のために日常生活に支障をきたす病気だといわれており、私の場合は、一定時間退屈さを感じるなど、ボーッとする時間が生まれると強い眠気を感じる傾向にあるようでした。

原因がわかったため早速診断書を作成していただき、会社に提出。会社は「居眠りは無意識であり、過眠症という病気である」と、認めてくださいました。

それからも自分の仕事を終わらせては寝てしまう生活が続いたのですが、ある時、あまりにも寝てしまう私を見たある上司から「あなた専用に、立って仕事ができる机を用意します」と言われたことがきっかけとなり、衝動的にS社を辞めることを決断します。

もちろん気遣いがあってのことだったと思うのですが、仕事内容は変わらないのに、身体的にしんどいことを強いられた気分になってしまったのです。次の就職先も、お金のことさえ何も決まっていない状態で辞めるという決断は、今思うと、自分でも驚きます。

# 新しい就職先とTikTokの開始

前職を辞めて数ヶ月後に新しい就職先に入社しました。この会社にも、もちろん特発性過眠症のことをお伝えし、相変わらず与えられた仕事をこなすと眠ってしまう日々は続きましたが、上司の皆さんは「仕事が終わっているなら問題ないですよ」と受け入れてくださり、安心して勤務することができました。

そんな中、会社に一人だけ、それを認めてくれない人がいました。経理を担当する社員のAさんです。その方は私の行動が気に入らなかったのか、出勤時から勤務終了までの全てを監視して、それを記録し、逐一、別の上司に報告しているようでした。

ある時私は別の上司から「すごく手が空いているようだから、経理もやってみてください」と指示を受けたため、チャレンジすることになりました。

やってみると向いていたのか、みるみるうちに覚え、1週間で一通りこなせるようになってしまったのです。ここで「なってしまった」と表現した理由は、元々経理担当だった社員さんの仕事がなくなってしまい、より恨まれるようになったからです。私とそのAさんの座る席の間にはちょうど柱があり、勤務中常に監視され、視線が飛んできていたため、その柱にうまく隠れるようにして仕事をこなす毎日。Aさんとの関係は良いとは言えないものでしたが、私自身はあまり気にしないようにしていました。

そのように過ごす中、安心して平和に、安定した収入を得て勤務や生活をできていることに、少しずつ違和感や焦りのようなものを感じ始めていました。元々持っていた芸能関係への夢からは、離れた場所にいるように感じたのです。

そこで、TikTokを開始。なんとなく入力した「難聴」のハッシュタグから見てくださる方が増え、投稿も楽しく、フォロワーさんが1万5千人、2万人と伸びていき、世界が広がっていきました。

この頃の私はチャレンジしたいことがどんどん増え、会社に勤務しながら、様々な副業を始めました。

まず朝9時から昼の12時まで会社で勤務。会社から家が近いため、そこから一旦帰宅し1時間、「17LIVE（イチナナ）」にてライブ配信。会社に戻って午後6時までの勤務を終えると、夜10時まで加熱式たばこ「glo（グロー）」の売り子をし、深夜2時までファミリーマートでアルバイト。

その後、たまに朝方の7時まで再度「17LIVE」にてライブ配信をすることもあり、土曜日や日曜日には国会議事堂や税務署、病院へ行ってパソコンのアップデート作業をするなど、派遣のアルバイトもしていました。

特に憧れて始めたのはコンビニのアルバイトです。制服が可愛いと常々思っていたことと、レジ業務や陳列、チキンなどホットスナックの補充などの業務に興味があったため、深夜帯の募集を見つけてすぐ応募しました。

お金が欲しかったわけではなく、「暇だから仕事したい」「したいことが山ほどある」と感じていて、初めての経験は全て未来の女優の仕事に繋がっていると期待を込めて、やみくもに働いていました。

# 手話を知る・使うタイミングが訪れた！

大人になってから、手話に改めて出会う出来事がありました。2019年の4月に「ピースボート」という船に乗り、世界一周旅行に参加した時のことです。この世界一周に参加した経緯についてはChapter2で詳しく触れていきたいのですが、ここでは先に、この時期に出会った手話に関わる大切な2人の存在について書いていきたいと思います。

一人目は私の憧れの人である、あやみさん。あやみさんも聴覚障がい者で、とても明るく、周囲には常に様々な方が集まるというかっこいい女性で、経営者でした。彼女のコミュニケーションツールは手話。**私はこの方と手話で話せるようになりたいと考えるようになりました。**

世界一周前、ＴｉｋＴｏｋを開始した私は、投稿の中で五十音を指で表す「指文字」の動画をアップしたり、他のクリエイターさんの発信を真似て歌詞に手話をつけてアップしたりと、少しずつ手話に関わる機会が増えてきていました。

そんな中、船旅が開始。船は移動するため携帯などは使えず、娯楽のためのたくさんの教室が船の中で行われています。太極拳やテニス、卓球やボクシングなどができ、バスケットコートまであり、自分で何かを企画して教室を作ることもできました。

その船旅に一人で参加していた私は暇だったため、知っている手話や指文字を教えてみようと、手話教室を作成。

参加してくださったのはなんと約30名。私が当時覚えていたのはあいさつの手話やありがとう、ごめんなさい、数字や五十音を表す指文字などでした。

ある日、参加していた方から、教えていた手話について指摘を受けます。そこで出会ったのが、手話通訳士のみどり先生でした。

手話に興味を持ち始めていて、帰国後にあやみさんともっと手話で話せるようになりたいと考えていた私は、その方にすぐ、「現在は簡単な手話しか知りません。細かい手話を色々教えてください」とお願いし、手話教室もタイトルを変更しました。

「みんなの手話・うさぎ&みどり」として、毎日ともに開催してはみどり先生の横に立って手話を覚えていく日々を船旅中の3ヶ月間続けました。手話教室に参加してくださった皆さんは、全員聴者。皆さんと一緒に楽しく学ぶ時間は、あっという間でした。

## 手話ラウンジでアルバイト

その後、世界一周を終えて日本に帰国します。帰国後ももっと手話を覚えたいと強く思い、それと同時に経験したことのない仕事にチャレンジしたいと思った私は、新宿・高円寺・渋谷などのキャバクラの体験入店に申し込みました。

けれど、そこはお酒も入る中、様々な年代の方と賑やかに、そしてスムーズな会話が求められる夜のお店。「補聴器をつけている」という理由で、7ヶ所受けた面接は、全て不採用になりました。

そこでネットで「手話　キャバクラ」と検索して見つけたのは、手話が第一言語の夜のお店、手話ラウンジ「きみのて」。

元々話すことが好きでしたし、手話を学べる新しい職業ということでぴったりの場所を見つけたと感じ、すぐに応募。面接でも一発で採用をいただき、働き始めることになりました。

来店されるお客様は9割、そして働くスタッフも8割が聴覚障がい者。そこで飛び交う手話は、船の中でみどり先生から教わったものよりももっと早く、癖のある表現の数々でした。

最初は相手の手話が読み取れないことも多く、慣れていく必要があったものの、働く期間が1ヶ月、半年、1年と長くなっていくにつれてどんどん慣れて、どんな方ともスムーズに会話がこなせるようになっていきました。

そんな時期にコロナ禍に突入します。この手話ラウンジ「きみのて」もコロナのあおりを受け、閉店することになってしまいました。

約1年3ヶ月、「きみのて」で多くの手話表現を知って会話の練習をした時間と、手話通訳士であるみどり先生から3ヶ月間、多くの手話を学べた時間は、今後の私の手話に関わる生活の中で切っても切り離せない、とても大切な思い出になりました。全国各地から来るお客さんと話す接客のノウハウは、今のコミュニケーション力を語る上で欠かせません。

今振り返ってみても、それぞれの人や場所にすごく良いタイミングで出会い、学べたのだなとひしひしと感じます。特に手話ラウンジ「きみのて」で相手の手話を読み取る力が身についたのは、私の中で一番大きい学びでした。

「きみのて」が閉店した後はベンチャー企業に少しだけ勤め、社長の近くで「営業」

のスキルを磨きました。

主にＳＮＳを中心としたビジネスを担当していましたが、新たにやりたいことができたので独立し、起業しました。

ここで培った経験から、今では自身の聴覚障がいを活かして、経営者として活動しています。

この辺りのお話はＣｈａｐｔｅｒ４へと続きます。

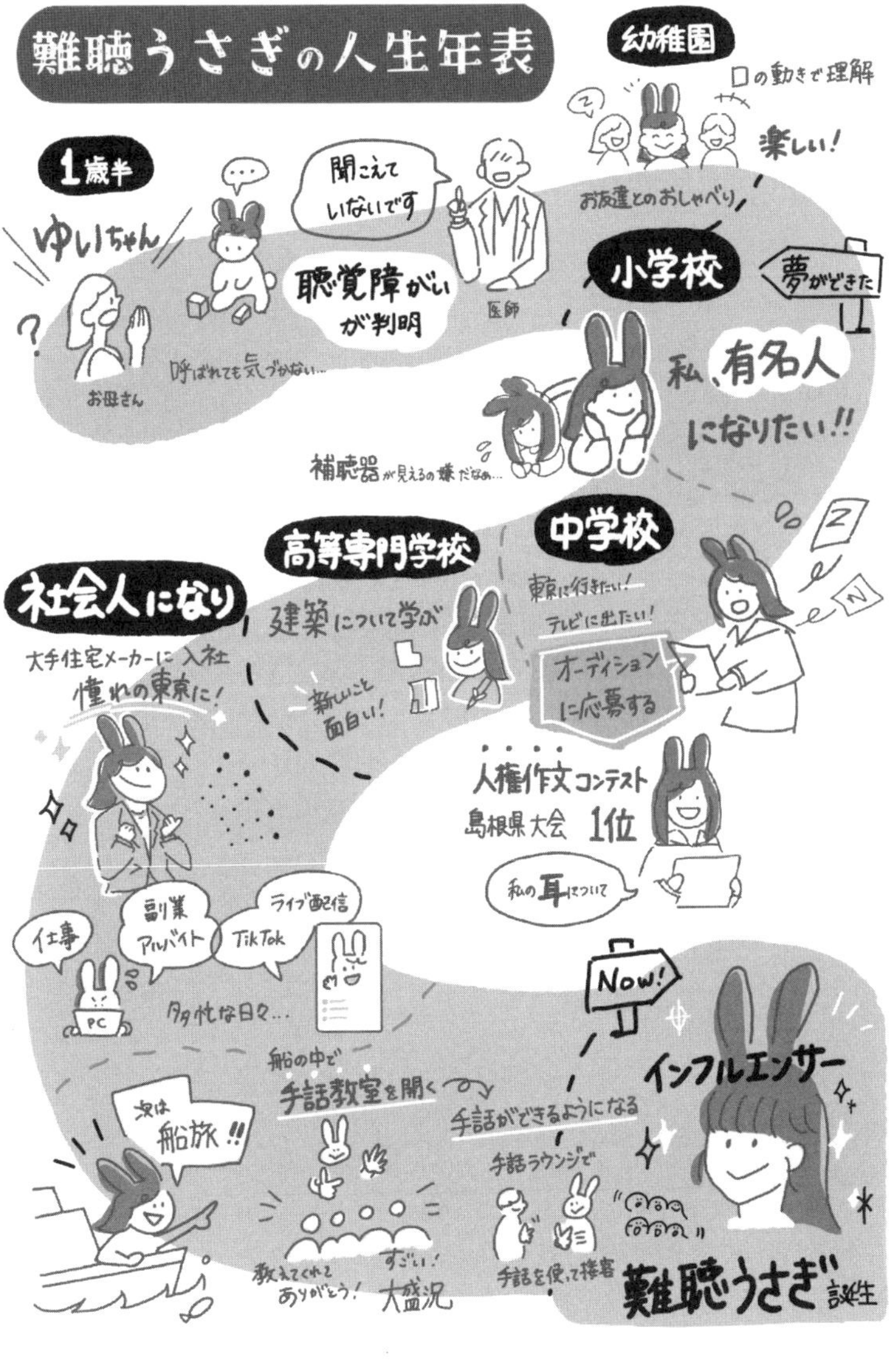
難聴うさぎの人生年表
1歳半
ゆいちゃん
お母さん
呼ばれても気づかない…
聞こえていないです
医師
聴覚障がいが判明
幼稚園
口の動きで理解
楽しい!
お友達とのおしゃべり
小学校
夢ができた
私、有名人になりたい!!
補聴器が見えるの嫌だなぁ…
中学校
東京に行きたい!
テレビに出たい!
オーディションに応募する
人権作文コンテスト
島根県大会 1位
私の耳について
高等専門学校
建築について学ぶ
新しいこと面白い!
社会人になり
大手住宅メーカーに入社
憧れの東京に!
仕事
副業 アルバイト
ライブ配信
TikTok
PC
多忙な日々…
次は船旅!!
船の中で手話教室を開く
教えてくれてありがとう!
すごい!
大盛況
手話ができるようになる
手話ラウンジで
手話を使って接客
Now!
インフルエンサー
難聴うさぎ誕生

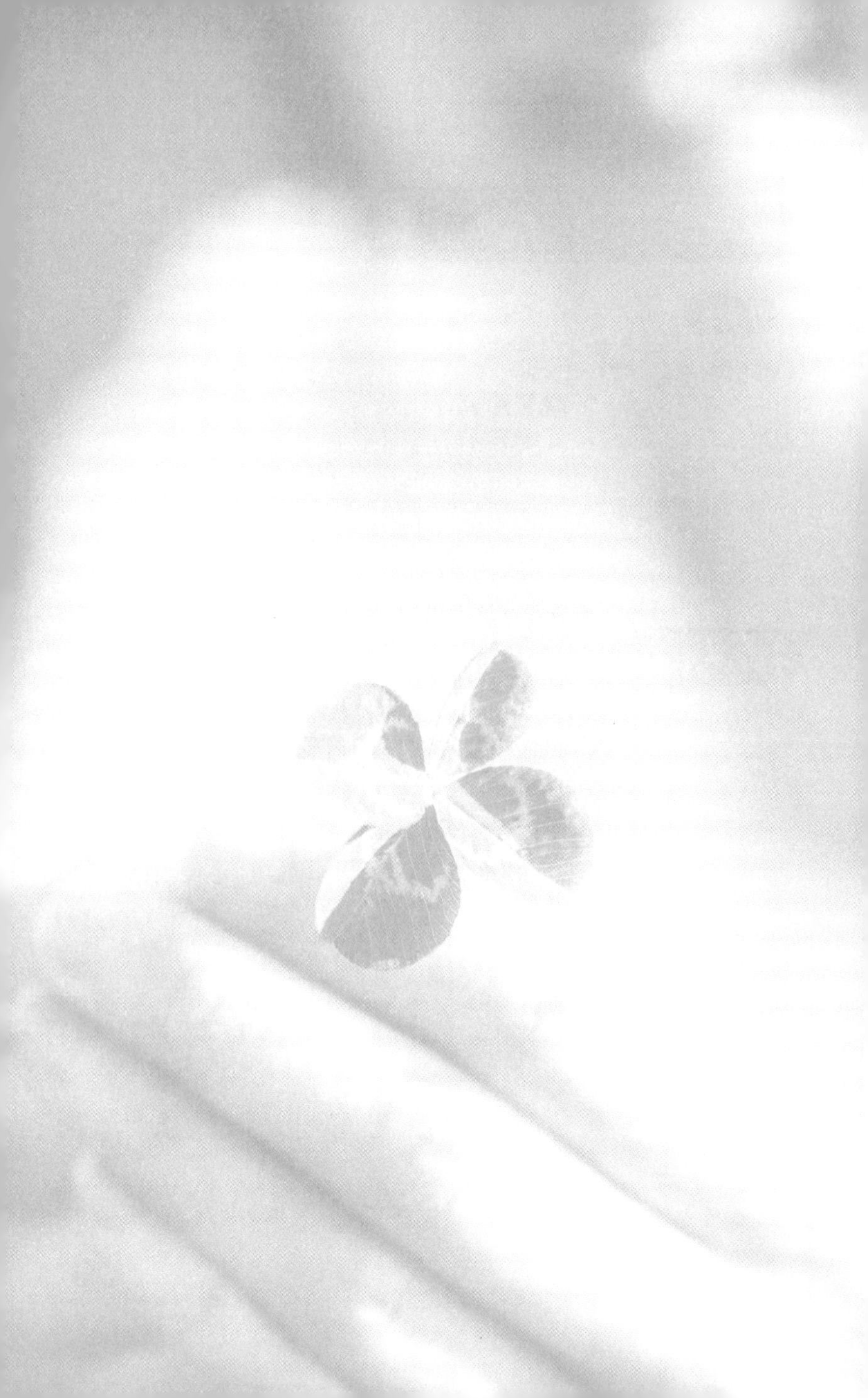

# Chapter 2

# 友人、恋愛、災害など……耳が聞こえない私の暮らし

インターホンは？　目覚ましは？　日常生活は？
耳が聞こえない人がどんな生活を送り、
友人や恋愛のことなどをどう考えているか、
テーマ・場面に分けて私なりに考えてみました。

# 友人について

友人は年齢関係なく幅広くいて、基本的に本音で話せる人が多いです。私が普段からストレートに発言することが多い性格だからか、男女比でいうと男性が多く（女性だと男っぽい性格の人）、年齢は年下の人がほとんどです。

私の冗談を気軽に受け止めてくれる、ノリツッコミをするような面白いタイプばかりで、楽しい時間を過ごしています。

同い年や年上だと私が気を遣ってしまい、ツッコミのような軽いトークがしづらいのですが、年下だと「なんでやねん！」などと言いやすくて楽。人によっては敬語を使わなくていいし、会話もリードできるので、色々な提案がしやすいのです。

みんなは私が読唇術で会話を理解していることをわかっているので、マスクを外して意識してゆっくり話してくれるし、聞き取れていないとわかるとちゃんともう一度話してくれます。

学生時代は、大人数になると話がわからなくなってしまうので、グループを抜けてしまうこともありました。本当は一緒にいたいけれど気を遣うのは疲れるし、相手がそれに気づいてしまうのも申し訳ないと感じていたのです。

そして一人でいる人に「何をしているの？」と声をかけていました。中には、せっかく知り合っても読唇術で会話を理解していることをなかなかわかってくれない人もたまにいて、そういう人とはその後あまり会うことはありませんでした。

社会人になってから大人数で絡むこともありましたが、早い会話のテンポについていけず、楽しいという気持ちと「会話の内容が全くわからない」という寂しい気持ちの間で葛藤することがよくありました。

コロナ禍になってオンラインでコミュニケーションを取る機会が増えましたが、私としてはオフラインで、つまり直接会う方が楽です。

オンラインだと口の動きが読み取りづらく、声を文字化してくれるスマホアプリのUDトークや通訳者（隣に聴者で手話ができる友人にいてもらったり）が必要になることも。それでも画面が固まると口は読み取れないし、UDトークも電話越しの言葉は70％くらいしか文字化してくれません。

コロナ禍で会えない時期はチャットかテレビ電話で連絡をしていましたが、会話の精度がどうしても下がってしまうので、直接会った方が早いと思う日々でした。

## 聴覚障がい者の友人との世界

聴覚障がい者の大人数の会話は手話があるので、楽しく会話に入ることができます。また、テレビ電話などのオンラインでも無音の状態で手話を使ってコミュニケーションが取れるので、それも楽しい時間でした。

年齢、性別関係なく、気を遣わずに接することができるのでとても楽です。

## 障がいを持つ友人を通して知る新しい世界

友人の中には何かしらの障がいを持っている人も多いです。そのような友人との間には何も言わなくてもわかり合える空気があり、「あなたはあなたなりに苦労している、私も私なりに苦労している」と自然に共感できているような気がします。だから初めて会った時からすごく安心できて、気を遣わなくていい友人ばかりです。

障がいを持っている友人とは「周りの視線が気になる」「求めていないことをされた」など共通の経験をした過去があり、そこに親近感を抱きます。そのような友人との出会いで、知らなかった世界を知ることもできました。

例えば先日、車椅子に乗ってハウステンボスを回ってみたのですが、車椅子を押してもらわずに自分で動かしたのは初めての経験。実際に挑戦してみるとちょっとした坂でも摩擦で手が熱くなったり、車椅子を支えて停めることも難しいという発見があり、日常的に車椅子に乗っている人の大変さに改めて気づかされました。

このような経験をするのは好奇心からで、ただ自分が知りたくてやっていることですが、自分が経験することでその人の気持ちを理解でき、知るきっかけにもなります。話を聞くのも大切だけれど、実際に体験しないとわからないこともあると勉強になりました。

## 同じ聴覚障がいでも違いはある

一口に聴覚障がいといっても、聞こえ方は人それぞれです。YouTubeでよくコラボをする聴覚障がいの友人を例にお話ししようと思います。

くろえちゃんは、普段から補聴器を装着せず、家庭がデフファミリー（家族全員が耳が聞こえないろう者）ということもあり、第一言語である手話でコミュニケーションを取っています。

彼女の手話は本当に早すぎて、読み取れないことがよくあります（笑）。

また、かれんちゃんは補聴器をつけていますが、ほとんど……全くに近いほど聞こえていません。かれんちゃんは中途難聴者（先天性ではなく、聴力がだんだん落ちていったパターン）で、動画では編集でカットしていますが、実際のやりとりの中では何度も聞き返すことも多く、そうしないと会話の20％くらいしかわからないと本人は言っていました。

とーやくんは私と同様に、補聴器を装着して日常生活を送っていますが、私やかれんちゃんと違って、口の動きを見なくても補聴器を通して、初対面の相手が話していることを聞き取れていることがたまにあります。

こういった経験から、聴覚障がい者の聞こえ方は様々ということがわかります。

さらに、面白い例があります。私、くろえちゃん、とーやくん、かれんちゃんと、聴者も交えた打ち合わせでのことです。

会話の内容がわからないとすぐ顔に出てしまうかれんちゃんと、わからなくてもその表情をしない私ととーやくん、そしてその場の会話に興味がないくろえちゃん（笑）。みんな性格もバラバラなので、様々な顔をします。

先ほど記した、「わからなくてもその表情をしない」とはどういうことかというと、「わかったふり」をすることもあるということです。私は学生時代、わかっているふりをよくしていましたが、社会人になってからは、それをすると後で痛い目にあうことを身にしみて理解したので、わからないことがあったら、その場の雰囲気や空気を壊さないように促して確認したり、わからなかったことを忘れないようにして、後で確認をするようにしています。

また、とーやくんを含む大事な打ち合わせの際に、とーやくんの顔を見ると、今わかっているふりをしているなと感じた時があります。後で本人に確認すると実際に理解が曖昧だったこともあったので、「もしわからなかったらその場か、後で聞いてね」と伝えました。

他にも聞こえ方の違いとして、例えば風船が割れる音があります。私は平気なのですが、とーやくんとくろえちゃんは特に苦手だったりします。かれんちゃんはふとした時にたてた音に過敏に反応することもあるので、みんな私とは聞こえ方が違うのだなど知りました。

このように同じ音に対しての反応に違いがあるのは、それぞれの過去や環境が異なるからだと思います。例えば私と同じ聴覚障がい3級で、補聴器をつけると私と同じくらい話せる友人がいたのですが、両親の教育方針は全く違いました。

私は母から「音が聞こえなくても楽譜が読めればピアノは弾けるようになる」と教えてもらいましたが、友人はピアノを習いたいと伝えても、「聞こえないのだから絶対にできるわけがない」と反対されたそうです。

だから私がピアノを弾くことが特技だと言った時に、友人の中ではありえないことだったようで、とてもびっくりしていました。

このことは家族の一言で人生はこんなにも変わるのだと知るきっかけになりました。できる可能性があることを潰されるのはもったいないと思うのと同時に、反対されて諦めたらそこで終わってしまうのだと思いました。

もし耳が聞こえなくてもピアノを弾くことができる人のことを友人の両親が知って

いたら、反対しなかったかもしれません。知っているか知らないかだけの問題ですが、知らないことに挑戦するのはもちろん怖い部分もあります。

世界一周をした時にヨーロッパの国では日本語はもちろん、少し覚えた英語すら伝わりませんでした。そのため、トラブルが起きた時はスペイン語を話せる友人やスタッフに代わりに話してもらったり、翻訳アプリを活用。コミュニケーション方法でさえ、何事もやってみないとわからないのだなという経験になりました。

## 聴者の友人ゆーりについて

TikTokerのゆーりと出会ったのは彼女が20歳の頃。SNSを通じて知り合いました。彼女は人に対しての偏見がなく、耳が聞こえない人と会ったのは私が初めてだったそうです。

聴者と接する時、私とのコミュニケーションの取り方がわからず不安なのだろうなと思うこともあります。でもゆーりは「どうやって話せばいい？　口をゆっくり大きく開けて話せばいい？」と最初から聞いてくれました。だから私も「そうしてくれると助かる」と伝えられたのだと思います。

私たちはすぐに親しくなりました。ゆーりのすごいところは、私が何も言わなくてもイベントなどで「うさぎちゃんは耳が聞こえないから、マスクを外して口を動かしてあげて」と率先して言ってくれるところ。

そういうところがすごく居心地がいいし、精神年齢もすごく高いのです。仕事の話も税金の話もするので、「一体いくつなの？」と思ってしまいます（笑）。YouTubeでも社会のニュースばかり見ているようで感心します。

今ではとても仲が良く、長話をすることも。耳が聞こえないからといって、会話を最小限にするのではなく、普通に世間話などもたくさんします。

ゆーりを通して、コミュニケーションの取り方は、お互いが探れば心地いいものになると実感しています。

# 恋愛について

好きなタイプは「正直」「仕事ができる」「時間にも経済力にも余裕がある」「常識がある」「私の家族や友人と仲良くしてくれる」「周りに迷惑をかけない」人で、相手に障がいがあるかどうかは関係なし。障がいによる問題で相手を選ばなかったり別れたりするのであれば、それは本当の愛とは違うのだと思います。

相手は手話ができなくてもいいのですが、覚えようとしてくれる意欲は欲しいです。たまにろう者の友人で、相手（聴者）が自分のために手話を覚えてくれたから自分のことを好きなんじゃないか？　と勘違いする人もいますが、それは稀です（笑）。友人としては嬉しいけれど、恋愛感情として捉えるのはちょっと早すぎるというか。今までお付き合いした人たちは私の障がいを知っていましたし、自己紹介で「耳が聞こえません」と伝えて、友人から恋愛に発展するパターンもありました。

今までの彼氏はほとんどが聴者で、昔は聴覚障がい者とは付き合わないと決めていました。理由は、結婚する人は私が苦手な電話ができたり、私の耳になって支えてくれる人がいいなと思っていたからです。

実は数年前に初めて手話を第一言語とするろう者と付き合うことになりました。当時は手話があまりできなかったので、彼のためにもっと手話を上達させたいと思うように。その時に聴覚障がいがあるなし関係なく、互いに支え合っていくことも大切だと気づきました。

彼と一緒に過ごす中で困ったのは電話くらいで、その時は妹や友人にお願いしていました。ただ彼は話すことができなかったし、私はあまり手話ができなかったので、最初は会話が全然成り立ちませんでした。

その時は彼の口の動きを見て指文字で答え合わせしながら、少しずつ手話も彼から教わりました。ですが、読唇術に頼ろうとしてしまう部分もあったため、なかなかマスターできませんでした。その人とはお別れすることになりましたが、今後の人生において、とても良い勉強になりました。

# 家族について

私の家族は父、母、そして4歳離れた妹の4人家族。私に反抗期は特になく、我が家はよくコミュニケーションを取る家庭で、父のことも母のことも大好きです。妹ともニンテンドーDSでゲームをしたり、一緒にアニメを見たり、よく一緒に遊んでいたし、昔から全員仲が良い家庭でした。

家庭の中で聴覚障がいがあるのは私だけで、親戚も全員聴者。父は一言でいうと一般的な思考回路の持ち主です。慎重で、真面目な性格。母はあまり干渉をしない人で、私のしたいことを自由にさせてくれました。妹は、自分の好きなように自由に生きていて、姉の私が耳が聞こえないことは何も気にしていないような子でした。

私はどちらかというと顔は母親似。家族全員明るい性格だと思うのですが、私はその中でも10倍くらい明るく楽観的な性格だと思います。

我が家の中で最終的に決定権を持っているのは父で、学生時代に空手を習うことを止めたのも父でした。

高専卒業後に上京しようと決めた時、両親には快く賛成してもらえませんでした。私は、新しい出会いは刺激になって勉強になるので好きで、地元で就職をしたらこのまま何も変われないと感じていました。

上京の許可が欲しくてまずは母に相談。母は、「お父さんがいいと言ったらいいよ」と。でも父に聞くと「お母さんがいいと言ったらいいよ」と言うので、少しイライラしました（笑）。

承認のために父と母の間を往復するのが面倒で、結局は事後報告に。上京が決まると母は寂しいと泣いていましたが、父からは「身体に気をつけなさい」とだけ言われました。

私は一度「したい！」と決めたことに関して譲らない部分があるため、よく父とぶつかっていて、母には何かが起きる度に相談をしていたのですが、父には「行動を止められてしまう」という理由でだんだんと事後報告が多くなってしまいました。

自分が本気でしたいと考えていることに対して逆の意見を言われ、それによって意思を曲げることになってしまったり、私自身の行動が止まってしまうのがとても嫌だったからです。

突然会社を辞めたり、海外旅行経験もないのに世界一周へ行ったり、帰国してYouTuberになったことも、父にだけは事後報告だったので、呆れていたようですが、「ゆいちゃんの人生だから」と今では応援してくれています。

# 勉強や資格について

中学生時代に英検を受験したのですが、試験にはリスニングがあるため、当時の英語の先生が日本英語検定協会に連絡をしてくれました。聴覚障がいのある人が受験するので、リスニング部分だけテロップをつけてほしいと交渉してくれたのです。

口の動きが読めるということを伝えてくれた結果、実際に試験官の口の動きを見て回答するという形で許可が出ました。

ただ実際に受験してみると、英語の読唇術はとても難しかったです。試験では口の動きが全く読み取れなくて、やはりテロップがちゃんと書かれた紙をもらえるといいなと思いました。

難しいのは英語だけではなく、日本語でも知らない言葉だと理解は困難です。最近あった例では、夜行バスのことを略して「ヤコバ」というのを知らず、会話がわかりませんでした。

方言については語尾に「～やん」などがつくだけで、そこまで標準語と変わらない印象です。音の高低や、標準語と異なるイントネーションは補聴器をつけてがんばって聞き取ったり、口の動きをよく見るようにしています。

聞き間違えたかもと思ったら、なるべくすぐにその場で聞いています。たくさんの人がいる集団の場合はみんなの時間を奪ってしまうので諦めることもありますが、それ以外の場合は自分がすっきりするために聞くようにしています。

## 持っている資格について

英検以外にCADオペレーターという設計図の作成や修正、調整をする資格を持っています。最初に勤めた会社で資格を取ると祝い金がもらえたので、取得したのはそれ目当てでした（笑）。

文章問題は苦手ですが暗記系は得意なので、ファイナンシャルプランナーや危険物取扱者の資格も。危険物取扱者はほとんど活用場面がありませんが、どちらも状況イメージよりも知識の丸暗記で取得してしまったので、本当はもっと理解しながら勉強すれば良かったと思っています。

他にも持っていたらかっこいいと思う資格はありますが、勉強が必要なのでしばらく取るつもりはありません。

島根では交通手段が車なので自動車免許は取得して、東京でもたまに運転をしています。自動車教習所では最初に耳が聞こえないことを伝えると、丁寧なおじいさんインストラクターが教えてくれることになりました。

運転中も口の動きを見ないと指導内容を理解できないためインストラクターの口元を見ていると、「前を見て運転して」とよく注意されました。でも前を見ると、言っていることがわからないので大変でした。

クラクションの音は補聴器をつけていれば聞こえるので、免許証の条件欄にも「補聴器」と記載されています。「眼鏡」と記載されているのと同じです。座学は受けつつも何を言っているかわからず、しかし、教科書があったので私の場合は特に苦労はありませんでした。

ただ思い返すと小学生の頃は、先生が色々と対応してくれていたのだと思います。授業では通級の先生が私の隣にいて、ニンテンドーＤＳのチャット機能で会話をしていました。

２０２２年に放送されたドラマの『ｓｉｌｅｎｔ』ではパソコンでコミュニケーションを取っていましたが、当時の机にはパソコンを置くスペースがなく、ニンテンドーＤＳを使っていました。

もしかしたら今は他にも、スマホアプリのＵＤトークなども活用されているかもしれません。

# 世界一周旅行について

世界一周旅行に出発したのは2019年の4月。行くと決断したのは2月で、社会人4年目が終わる頃でした（その時勤務していた会社を辞めたのは3月31日）。当時はどう生きていったらいいのだろうかと先の人生が見えなくなっていました。

今はマイペースに生きているけれど、どうやったらそうできるのかがあの頃はわからず、人生をリセットしたいと思っていた時期でした。

そのような時にたまたま聴覚障がい者の友人と食事に行き、店に貼ってある世界一周旅行のポスターを発見。今まで何度も見たポスターなのに、この時は本当に99万円で行けるのかなと気になり、無意識に手が動いて、資料請求のハガキを取っていました。

話のネタになれば、くらいの気持ちでしたが、説明会が行われていることがわかり、暇なので行ってみようと決めました。友人はちょっと驚いていましたが、私の中では日に日に行きたい気持ちが増していきました。

説明会では半年以上先の出発のツアーを案内されたのですが、その時の私は早く仕事を辞めて今すぐ行きたいという気持ちになっていたので詳しく聞くと、2ヶ月先の出発があり、そのパンフレットをもらえました。

見積もりもその場でもらったのですが、私はその時貯金がなく、旅行費用もない……。そこで友人のアドバイスでクラウドファンディングを開始することにして、あとは「17LIVE」でお金を集めようということになりました。

でも1回のクラウドファンディングだけでは99万円には全然足りず、仕事を7個掛け持ちしながら、2回目のクラウドファンディングを実施。振り込みの関係で間に合わない分は、友人が貸してくれて、なんとか入金日までにお金を用意することができました。

## 船で出会った人々

日本で乗船してから香港に到着するまで4日間。私は一人で参加したので、このままだと香港も一人で回ることになります。

英語も中国語も話せないので困った私は、同じ船で参加している人たちに「一緒に回ってください」とお願いすることにしました。同年代は気を遣いそうなため、60歳くらいのおばあさんに話しかけたのですが、「他に若い子がいるでしょう」と断られてしまい、どうしようかと悩みました。

船には将棋や囲碁のできる部屋があり、私は祖父と小さい頃から将棋をしていたので、とりあえずおじいさんたちと将棋をすることにしました。するとそこに同年代の男の子がやってきて自然と仲良くなり、一緒に回ろうという話になりました。私は耳が聞こえないことについて話したのですが、彼も目の障がいがあるから見えるうちに世界を回りたいと言っていて、私のこともリスペクトしてくれました。

彼はグループで参加していて、船に乗る前に私が参加しなかったボランティア活動などで出会った人たちもいたようです。ちょっと見た目は怖そうなのですが、みんなすごく優しかったです。一緒に海外を歩いていると守られている感じもあるし、聞こえないことも理解してくれて、危険な時は実際に守ってくれたこともありました。その人たちとは今も仲が良いです。

船の中ではその後、意外と色々な人と知り合う機会があり、新しい友人もどんどん増えて、国ごとに一緒に回る人はコロコロ変わります。香港の次はシンガポールに行きましたが、そこでは新しく知り合った人たちと回りました。

船にはお客さんとスタッフ合わせて約１０００人の乗客が乗っていて、９割以上が日本人でした。乗客は10代～30代の若者が４割程度、50代以上の熟年層が５割程度、その他の年齢層が１割程度で、同い年の人は15～20人くらいいました。

中には英語や中国語がペラペラな人がいたので、通訳をお願いしたことも。私は一人旅に慣れていないため、色々な人とコミュニケーションを取らざるをえない状況だったのでがんばりました。

## 憧れの国を巡った思い出

シンガポールやその次に行ったマレーシアのペナン島でも思ったのですが、海外には日本企業やコンビニがたくさんありました。

日本のものは全くないと思っていたので、そういった看板や日本語にホッとして写真を撮った記憶があります。

シンガポールに着いた時には海外は怖いという壁を取っ払えていて、友人もできたのでとても楽しく過ごせるようになりました。

たくさんの国を訪れたけれど、印象に残っている国のひとつはエジプト。漫画『遊☆戯☆王』の舞台になっていたため、小学生の頃から行きたいと思っていた夢が叶いました。ギリシャのサントリーニ島では船からボートに乗り換えて崖の下に行ったり、ロバに乗って丘を登った思い出も。ギリシャでは他にも第1回オリンピックが開催された場所や、ゲームの舞台になっているパルテノン神殿にも行くことができました。

12ヶ国目に訪れたジャマイカでは、この旅で初めて海を泳ぎました。白い砂浜と青い海のコントラストが美しいドクターズケーブビーチは、回った海の中で一番綺麗だったと記憶しています。

ただ、人生初のシュノーケルを使用した際、水泳が得意なため調子に乗って遠くまで泳いだら、ゴーグルの中に海水が入ってきて、呼吸方法がわからず溺れてしまい、その時は死を感じました。私は即行動するのが長所ですが、準備せずに思い立ったら動くところは短所だなとしみじみ感じました。

その時は近くにいたあさみさんともう一人の友人が助けに来てくれました。あさみさんは私より6つ年上で、手話教室に通ってくれた乗客の一人。優しくて面白いお姉さんで、今も仲良しです。

# 初めての人とのコミュニケーションについて

仕事の面接を受ける時は自己PRで「私は読唇術ができます」と言うようにしていました。9割の人は「すごいね」と言ってくれるので返しのパターンを決めていて、「すごいね」と言われない場合も返し方を決めています。

面接官との距離が近いと口があまり動いていなくて読み取れないこともあるので、そういう時は単語だけをがんばって読み取って想像して単語を繋ぎ合わせます。

わからない時でもわかっているふりをすると、相手も話し続けてくれるので色々と内容が繋がっていき、「今はこういう話をしているのかな」と想像する癖がつきました。慣れている人には、わからない時は「もう1回」と聞くけれど、初対面の人と話す時はあまり話を止めないようにしています。

人と会話する時は、主に読唇術。手話がついていれば、ほぼ理解できます。手話がなくてフェイスシールドだと反射して見えずに読み取れないこともあり、やっぱり口の動きが大切だなと感じます。家族と話す時は口の動きを読んで会話をしていて、手話は使いません。

**昔は手話ができなかったけれど、やっぱりできたほうが楽です。**手話を覚えてから良いことがたくさんあり、図書館など静かな場所でも声を出さずに手話で会話ができたり、電車で離れた席に座った時など、少し遠い場所からでもコミュニケーションを取ることができます。

スキューバダイビングでは海の中でも使えて便利です。

私のマネージャーは聴者ですが、簡単な手話がわかるため、他に手話がわかる人がいない時は、「疲れた」「帰りたい」など、言いにくいことを手話で伝えたりします。

最近では様々な発信をしているため私に気づいてくれる人も多く、「うさぎさんですよね？」と話しかけられることもあります。お店の方であれば、耳が聞こえないとわかって対応してくれるので注文などの時も気を遣ってくれて、ありがたいです。

洋服を見ている時は店員さんに話しかけられてもマスクでわからないので「大丈夫です、一人で見ます」と先に断って、全部フィッティングしてから「どうですか?」と自分から聞きます。

反応を見たい時は、店員さんの表情で決めたりしています。その時はわざわざ自分から「私は耳が聞こえません」とは言いません。

## 変化するコンビニでの買い物

以前は店員さんの言っていることも口の動きでだいたいわかったけれど、今はマスクをしているので、コンビニでは聞かれる前に「レジ袋はいりません」と言うようにしています。

最近、ローソンのレジに聴覚障がい者向けの指差しシートが設置されました。イラストと文字で「レジ袋購入します」「レジ袋いりません」「はし、フォーク、スプーンください」「温めてください」と書かれており、指を差すと要望を店員さんに伝えることができます。

他のコンビニだと伝えたつもりでも何かが入っていないこともあるので、これはとても便利だと思いました。最近では外国人の方が働いているコンビニも多いので、その影響もあるのかもしれません。

よく見かけるセルフレジも聴覚障がい者にとってはありがたいです。店員さんがいるとやっぱり何かしらの質問はされるので、会話をせずに買い物ができるというのは、気持ち的にも楽です。

毎回同じ質問ならば「はい」か「いいえ」ですむけれど、内容も順番も違うので店員さんとのやりとりは難しいです。

# 病院・役所でのやりとりについて

一人暮らしをするまでは病院には必ず母についてきてもらっていました。母に先生の話を聞いてもらい、必要なことだけを教えてもらう感じです。

一人暮らしをしてからは自分だけで大丈夫かと不安だったこともありますし、聞こえないことを伝えるのが面倒だと思ったこともありますが、ここ2、3年で最初に言った方が楽だと気づきました。

今は受付をする時に「耳が聞こえないので名前を呼ぶ時は直接呼びに来てください」とスマホに表示して見せるようにしています。

他にも体温計の音も聞こえないので「鳴ったら教えてください」とお願いしたり、終わったタイミングを見計らって自分で確認しています。

注射に関しては、いつ打たれるかを自分で見ているしかありません。病院での説明は一方的に話されることも多いので、わからないことも頻繁で、そのままわかったふりをしてしまうことも多々あります。病院の先生はマスクをしていることも多いので……。ただし、大切な話の時はちゃんと「読唇術ができるので口元を見せてください」や「文字で説明してください」と言った方が良いです。

役所は番号の札や表示板があるのでそれで確認できますし、基本的に「障がい者手帳」を見せるので、それでわかってもらえます。

役所には障がい者の人が働く課があって慣れているため、対応も非常に安心できます。また、ハローワークも障がい者専用窓口がありますし、そういう部分は助かっています。

## 災害や事件について

災害が起きた時のことについてよく聞かれますが、東日本大震災が起きた時は島根にいたので、大きな地震はまだあまり経験したことがありません。

そのため地震に対する恐怖はあまりなかったのですが、3、4年前に渋谷で火事が起きた際に偶然その近くにいて、煙が上がったのを見た時は「怖い」と思いました。

地震が起きた時はすぐにTwitterを見るようにしていて、電車が止まった時もアナウンスがわからないのでスマホで情報を確認しています。

でも個人的に一人暮らしをしていて怖かったのは、地震や火事よりも不審者です。

一度、夜中に知らない男性につけられたことがあり、このまま家に帰るのは危険だと思ってコンビニに逃げ込んだことがあります。

何が怖いかというと、やっぱり聞こえないし、話しかけられてもわからないところ。口の動きから読み取ろうにも顔も見たくないので……。

私の場合、補聴器をつけていると風などの雑音も拾ってしまうので、足音は聞こえなくなってしまいます。階段で後ろに人がいても気づけないこともあります。

自然災害は聞こえている人も同じくらいびっくりすると思うけれど、不審者については耳が聞こえないとさらに警戒が必要で大変です。

# 骨伝導集音器で聞く音楽について

音楽も好きで、よく聞くのは低い声の男性アーティストです。女性の声は高くて聞き取りづらいのであまり聞きません。ピアノを習っていたため聞いているとリズムはわかるので、歌詞を見ながら聞いて内容を理解しています。

音楽を聞く時は骨伝導集音器を使います。骨伝導集音器は集音マイクで拾った周囲の音を耳奥に伝導する設計で、軽度〜重度の難聴や加齢による聴力の悩みを持つ人の聞こえをサポートしてくれます。

補聴器よりもかなり音が聞き取りやすく、試聴会でもみんな感動していました。イヤフォン部分を耳に入れて、本体は首から下げて使います。

これだと音漏れしにくいので、電車の中でも音楽を聞くことができます。以前イヤフォンで音楽を聞いていた時は、私は気づいていなかったのですが、かなり音漏れしていたようで、周りの視線が痛かったです。

骨伝導集音器の方が補聴器より聞こえやすいのですが、私は音楽を聞く時以外は補聴器を使うようにしています。今持っている骨伝導集音器は首から下げられ、大きくてなくしにくいのは良いのですが、電池の持ちが短いのが難点。

私の骨伝導集音器は乾電池で動くのですが、補聴器がひとつのボタン電池で1ヶ月持つのに対して、骨伝導集音器は7時間。だから音楽が聞きたい時や、家に荷物が届く時だけ使うようにしています。

もちろん骨伝導集音器の方が聞こえやすいですし、補聴器専用の小さな電池と違って、乾電池はどこでも手に入るので、補聴器代わりに日常的に使っている人もいます。最近は充電式やBluetoothタイプなどもあるようなので、今後はさらに使いやすくなると期待しています。

# 聴覚障がいの私の日常

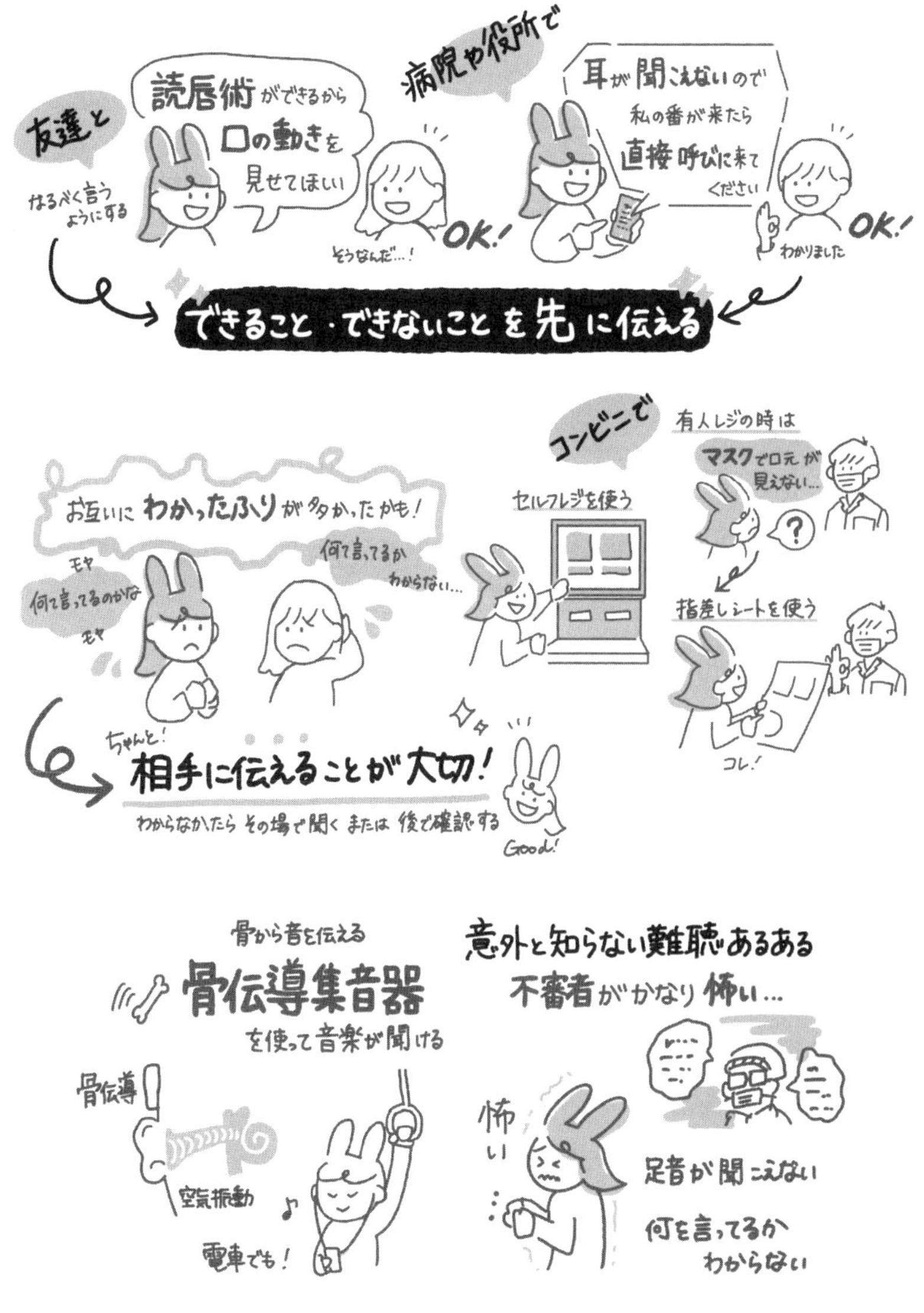

友達と
読唇術ができるから
口の動きを
見せてほしい
なるべく言う
ようにする
そうなんだ…！
OK！
病院や役所で
耳が聞こえないので
私の番が来たら
直接呼びに来て
ください
わかりました
OK！
できること・できないことを先に伝える
お互いにわかったふりが多かったかも！
モヤ
何て言ってるのかな
モヤ
何て言ってるか
わからない…
ちゃんと！
相手に伝えることが大切！
わからなかったら その場で聞く または 後で確認する
Good！
コンビニで
セルフレジを使う
有人レジの時は
マスクで口元が
見えない…
?
指差しシートを使う
コレ！
骨から音を伝える
骨伝導集音器
を使って音楽が聞ける
骨伝導
空気振動
電車でも！
意外と知らない難聴あるある
不審者がかなり怖い…
怖い
足音が聞こえない
何を言ってるか
わからない

Chapter 3

# もっと多くの人に知ってほしい聴覚障がいのこと

聴覚障がいについては、
まだ広く知られていないことが多いと感じます。
人によって色々な聞こえ方、コミュニケーション方法があります。
みんなが手話を使えるわけではないし、
筆談が苦手な人もいます。
聴覚障がいについて、私なりにわかりやすくまとめてみました。

## 聴覚障がいの種類

そもそも聴覚障がいとは声や音が聞こえない、または聞こえにくいことです。耳が聞こえないことを「ろう」、聞こえにくいことを「難聴」といいます。生まれつきではなく、なんらかの事情で途中から耳が聞こえなくなるのは、「中途失聴」です。

一般的に補聴器などをつけても音声が判別できない場合を「ろう者」、わずかにある聴力を活用してある程度聞き取れる人を「難聴者」といっています。

そして、捉え方のもうひとつのパターンとして、手話を第一言語もしくは主なコミュニケーション手段とする人を「ろう者」、音声言語が中心で手話を使わないか補助程度の人を「難聴者」ということもあります。

耳が聞こえない理由は様々で、お母さんのお腹にいる時にお母さんが病気になった、飲んだ薬に副作用があった、赤ちゃんの時に高熱が出た、事故にあったなどが考えられます。ただ私の場合は、はっきりとした原因はわかりませんでした。

耳が聞こえないと声や音を真似することができません。そのため聴覚障がいのある人は、うまく話すことが難しいのです。また聴者が自然と耳に入って覚える言葉についても、意識的に覚えなければいけません。そのため小学校などでは言語聴覚士の先生と、言葉の仲間集めという勉強をすることもあり、例えば「気持ち」の仲間となる言葉、「寂しい」「嬉しい」などを書き出す練習をします。

そして、聴覚情報処理障がい（APD）というものもあります。聴力は正常であるにもかかわらず、聞いた言葉の内容が理解しづらい、「聞こえているのに聞き取れない」状態のことです。聞き返しや聞き間違いが多かったり、騒がしい環境で相手の話すことが理解しづらくなったりする場合、こちらのケースもあります。

## 耳の聞こえ方について

私の耳の聞こえ方は聴覚障がい3級で、これは両耳の聴力レベルが90デシベル以上

| | |
|---|---|
| 2級 | 両耳の聴力レベルがそれぞれ100デシベル以上のもの（両耳全ろう） |
| 3級 | 両耳の聴力レベルが 90デシベル以上のもの（耳介に接しなければ大声語を理解し得ないもの） |
| 4級 | ①両耳の聴力レベルがそれぞれ80デシベル以上のもの（耳介に接しなければ話声語を理解し得ないもの）<br>②両耳による普通話声の最良の語音明瞭度が50パーセント以下のもの |
| 6級 | ①両耳の聴力レベル が70デシベル以上のもの（40センチメートル以上の距離で発声された会話語を理解し得ないもの）<br>②一側耳の聴力レベルが90デシベル以上、他側耳の聴力レベルが50デシベル以上のもの |

身体障害者障害程度等級表（身体障害者福祉法施行規則別表第５号）より

と一般的にいわれています。

聴覚障がいは2級〜6級（5級はない）まであり、2級が最も重く、両耳の聴力レベルが100デシベル以上です。デシベルが高いほど聞こえません。

私の周りにいる聴覚障がいの人たちの級数もそれぞれ異なります。

例えばマネージャーの一人は6級で、聞き取れない場合もありますが電話もできるし、手話でのコミュニケーションもできます。

あくまで私の感覚ですが、3級より上だと電話は難しく、6級の人はカラオケに行っても音程がクリアで合っているように感じます。

3級だと手話ができる人とできない人は半分ずつくらいで、使わない人は読唇術でコミュニケーションを取っていますが、2級で手話ができない人はほとんど見たことがありません。

個人的な感覚ですが、発音も3級の人の方が2級の人よりもクリアな気がします。補聴器も等級によって使うものが異なり、6級・4級では補聴器をつけていない人もいます。実際に6級のマネージャーもつけていません（2級でも補聴器が苦手でつけていない人もいます）。

このように、一口に聴覚障がいといっても様々な聞こえ方があります。聴覚障がいには様々なコミュニケーション方法があることを、このChapter3で知っていただけると嬉しいです。

# 補聴器とは

補聴器は、周りの様々な音を拾って、聞き取りやすい音や大きさにしてイヤフォンから出力し、耳に届けてくれる医療機器です。
例えば、聴者が気づいていないような部屋の換気システムの音など、雑音があるとそれらも全て拾ってきます。周りがうるさい環境だと話し声がわからなくなってしまうことも。

そのため友人と食事に行く時は個室など静かな場所を選ぶようにしています。うるさい場所では早口が聞き取れずに聞き返す回数が増えてしまい、仲が良い相手ならばいいのですが、そうでないと気を遣わせてしまうのが申し訳なくなります。

また、補聴器をつけていると聴者からは音が全て聞こえていると思われがちですが、そうではありません。よく聞こえない音もあるので、後ろから話しかけられるとわからないことも。周りの音まで拾ってしまうため、相手の声が聞こえないこともあるのです。

聴者が補聴器をつけると、はっきり音が聞こえず、自分の声のボリュームがわからなくなるそうです。実際につけてみた人は、「まるで水の中にいるような感じ。何かしゃべっているなというのはわかるけど、クリアに聞こえないから集中して音を聞き取ろうとしないといけない」と言っていました。

## 愛用しているのは小学生用の補聴器

私が現在使っているのは、小学生が使う子どもサイズの補聴器です。
以前は大きい補聴器をつけていましたが、とにかく目立つのが嫌で小さいものを探しました。今の補聴器を買う時に資料を見ていたら、やっぱり大人用は大きかったのですが、小さい補聴器を見つけてこれがいいと言ったら「小学生用ですよ」と言われました。

おそらく子どもは耳が小さいので補聴器も小さくできているのですが、私の聴力なら大丈夫でしょうと言われて、これにしました。小さいので聞こえ方も大人用と違うのかもしれませんが、私には合っているようです。

## 補聴器の仕組みと機能性

耳穴型補聴器やイヤモールドという耳の形状に合わせたオーダーメイドの耳栓を作る時は耳穴にスポンジや綿球を挿入し、鼓膜を保護します。そして、針のない注射器のような器具、通称シリンジで柔らかい粘土状の型取り材料を耳穴に注入します。

型取り材料が硬化するまで、あごを動かさず5分ほど安静にし、硬まったら耳型を取り出します。メーカーの職人さんが最適な形に修正をし、3Dプリンターで形を作っていきます。アーティストがライブでつけているインイヤーモニターも、このように耳の型を取って作っているそうです。

補聴器は電化製品なのでやはり水に弱く、大雨で傘がない時は補聴器を外すことも。壊れたら買い替えますが、耐用期間の目安は使用開始から5年くらい。でも20年以上使っている人もいるので、使い方や愛着によるのだと思います。

価格は幅広いですが、片方で5万円強から40万円を超えるものまで。ただ聴覚障がい者は値段で決めることはなく、やっぱり大事なのは自分に合うかどうか。価格が高いから合うとは限らないし、安いから合わないわけではないのです。

音が聞こえやすいことが一番で、購入する時は「身体障がい者手帳」を持っていれば、国からも補助金が出ます。補聴器を通して入ってくる音に慣れるまで時間がかかることもあり、半年かかったこともありました。

昔の補聴器は電源や、聞こえる音量を調節できるスイッチがついていました。でも操作が難しいと高齢の方などは特に大変なので、最近はスイッチのないシンプルなものが主流になっています。

充電すると自然に電源が切れたり、音量もパソコンなどで初期設定できるようになりました。音量を変えたい時は販売店などで設定してもらえますが、私は途中で変えたことはありません。


生活に不便を感じていても、「雑音がうるさそう」「ピーピーとハウリングしそう」という先入観や、「まだつけなくて大丈夫」「目立つのが嫌だ」という抵抗感から補聴器を実際に手に取るまで時間がかかることが多いようです。

しかし補聴器の現状を知ればそのようなイメージも大きく変わるかもしれません。最近の補聴器は、カラフルなものなどもあり、デザイン性が高いので、オシャレとして楽しんでいる人も増えています。私もそのうちの一人です。

出かける時は必ず補聴器をつけています。もし補聴器なしで道を歩くと自転車の音なども聞こえませんし、電車に乗ったりすることを考えると非常に怖いです。

## 補聴器の思い出

小学生の頃は耳の中に収まって目立たない、耳穴式の補聴器に何回も挑戦しました。耳かけタイプよりも値段は高いのですが、パッと見は補聴器をつけていることがわからないため、当時はとても嬉しかったです。

耳穴式なら髪の毛も結べるしハッピーでしたが、一方で、機能としては自分の耳には合わなくて、音がボヤッとしていてクリアに聞こえずストレスに。当時は、機能性か目立たなさどちらをとるかで悩みました。

結局、聞こえづらいことや変な音が聞こえることに耐えられず耳かけ式に戻すことになり、それでまた髪の毛を下ろす生活になったことが悲しかったです。

また、運動は好きでしたが、補聴器が壊れるのが不安で参加する機会が減った結果、運動音痴になりました。

例えば体育の授業のように時間が短ければあまり汗もかかないので大丈夫だけれど、ものすごく汗をかいて補聴器に水が入るとノイズがとにかくすごいのです。乾かさないとノイズは続くので、運動はもちろん、雨の日も傘を持っていないと大変な目にあいます。

## 補聴器を外している時

実家に住んでいる時は、寝る前に補聴器を外してその辺に置いたまま寝るので、親に「壊れたらどうするの」と怒られて、乾燥や吸湿に優れたシリカゲル素材が入った補聴器用のケースに入れていました。

一人暮らしをしている今は、自宅にいる時は補聴器をつけていないことが多く、そのためインターフォンが鳴っても気づきません。マネージャーがいれば出てくれますし、時間指定した荷物が来る時だけつけて、Uber Eatsも置き配にして誰もいなくなってから取りに行きます。

もちろん、お風呂の時や寝る時も補聴器を外しています。朝の目覚ましはスマホを右手に握ったまま寝て、バイブで起きています（枕の下に入れる人もいるそうです）。

スヌーズを30個くらい設定して、もしスマホが手から離れても枕の横など振動が届く位置に置くようにしています。

# 身体障がい者手帳って？

身体障がい者手帳（※本来は「身体障害者手帳」と記しますが、ここではあえて「障がい」表記にしています）には有効期限がないので、証明写真も小さい頃のままです。

古くなっても一生変えなくていいものなのですが、身体障がい者手帳については知られていないことも多く、病院で「この身体障がい者手帳は失効しています」と言われたこともあります。耳鼻科の先生に言われた時は、結構がっかりしました。

身体障がい者手帳には必要なものをいくつか一緒に入れていて、その中には、障がい者と一緒に公共交通機関を利用する人も半額になると書かれた証明書もあります。電車では地方の小さな駅に行っても知られているのですが、バスだとこれがあまりわかってもらえません。

手帳と証明書を見せても、「半額なのはあなただけで、同伴者は違うでしょ」と言われてしまいます。小さい頃にどうしても理解してもらえず、母がバス会社に電話をして聞いてくれたこともありました。

結局、同伴者は介助者扱いになるため半額になるのが正しかったのですが、もっとバスの運転手さんにも浸透してくれればいいなと、日々思っています。

電車に乗る時は、半額料金の子どもの切符を買って、毎回窓口に行くようにしています。改札を使うと「あいつはずるしている」と見られることもあるし、実際に見知らぬ人に注意されたことも。身体障がい者手帳を見せると「あぁ」となるけれど、それも嫌で毎回窓口に行くようにしています。

## 障がい者の割引制度について

障がい者手帳を持っていると、割引制度などがあります。例えば映画のチケットが安くなったり、アミューズメントパークの入園料も安くなるし、水族館は無料のところもあります。

以前、自身のYouTubeチャンネルでも紹介しましたが、テーマパークで障がい者手帳を提示するとサポートパスといったものを発行してもらえることがあります。

これは、待機列に並ぶことができない障がいのある人が、アトラクションの待ち時間を、待ち列以外の場所で過ごすことができるというものです（ただし、入場時間を予約するもので、優先入場のためのものではありません）。

私の障がいは聴覚であり、歩くことができるので、普通に並べるのにと思う方もいるかもしれません。でも基本的に口の動きを見て会話をするので、マスクが必須なコロナ禍では待機列でマスクを外してコミュニケーションを取っていると周りに迷惑をかけてしまうこともあるので、こういったサポートを利用しています。

# 定期的に行う耳の検査

「障がい年金」の申請のため、定期的に耳鼻科に聴力検査を受けに行きます。小さい頃は月に一度は検査に行っていましたが、今は申請が必要なタイミングで受けるくらいです。感覚としては小さい頃から聞こえ方は特に変わっていません。

行うのはヘッドフォンから音が聞こえたタイミングで手元のボタンを押す気導検査です。健康診断で行ったことがある人もいると思います。日によって違いますが、私の場合は低い音が聞こえやすく、高い音が聞こえにくいことが多いです。

聞こえた時は音に余韻があり、新しい音を流されてもその音が聞こえ続けていることも。流れていない時にボタンを押してしまい、「今は音を流していないですよ」と言われたこともあります。

本当は音が聞こえているのに障がい年金をもらうために嘘をつく人がいないように、検査の時はオージオメーターという機械をつけます。これをつけると骨伝導により、本当に聞こえていないかどうかわかります。

機械はヘッドフォンのようなものを耳の後ろにつけるのですが、耳鼻科でおでこから後頭部にかけてつけられたことがあり、びっくりしました。これでは両耳同時に聞こえてきて、右耳、左耳、どちらに音を流しているのかわからないので混乱したことがあります。

耳鼻科は小さい頃の私にとっては、地獄に突き落とされるような場所でした。「通ったらもしかして聞こえるようになるかもしれない」という希望を、打ち砕かれる場所。医療の分野は日々発達していて、癌や目の病気などは昔に比べて治ったり良くなるようになった部分もあります。**でも、耳はいつまで待っても聞こえるようになりません。**

医療ドラマでも手術で色々な病気を治すシーンがあるのに、耳の治療について取り上げたものはほとんどありません。

もっともっと耳の医療も発達してほしいと日々願っています。

この本をきっかけに、多くの人が聴覚障がいのことを理解し、耳についての医療を応援する人が増えてくれたら嬉しいです。

# 自分の出す音について

私は自分の話す声や自分がたてた音の大きさがわからないため、小さい頃から注意をされることがありました。

自分の声の大きさは自然と調整できるようになったけれど、補聴器をつけていない状態で動画を街で撮影した時は、自分の声の大きさがわからなくて聞こえているのか相手に確認したこともあります。2級の友人の中には声が大きすぎて、母親から怒られていた人もいました。

咀嚼音《そしゃくおん》、いわゆる自分が食べている音も聞こえないため、母から注意されたことも。それ以来、人前では気をつけるようにしていますが、気を抜くとうるさいこともあるようです。

お腹が鳴る音も自分では聞こえないのですが、今鳴っているのかなと体で感じることはあります。そういう時はもしかしたら周りに聞こえているのかな……と恥ずかしさを感じます。

生活音については、今は気をつけて過ごしています。例えば机にコップを置く時も音が鳴らないようにそっと置いたり。

高専時代にカフェでアルバイトをしていたのですが、洗い物をする時の音がうるさいと店長によく怒られました。おそらく食器と食器がぶつかったり、洗った食器を置く時の音がうるさかったのかもしれません。映画館でポップコーンを食べていたら、食べる音というより、ものを触る音がうるさかったようで、注意されたこともあります。

周りの人は注意しづらいかもしれませんが、音に関しては聴覚障がい者は注意をされないと自分でなかなか気づくことができません。だから私は教えてくれる人がいることは、ありがたいことだと思っています。

以前、聴覚障がい者の友人がちょっとしたタイミングで「うっ」という声を頻繁に出していることがあったのですが、本人はため息をつくくらいの感覚だったようで、「声が出ているよ」と伝えたら、「え！　出ている？」と驚いていました。

それまで誰にも言われたことがなかったそうで、これからは気をつけることができると感謝されました。

でも、「ろう文化だから！」と誇りを持っていて、注意されるのを好まない人もいるみたいなので、人によります。

私は小さい頃から大きな音を立てたりおかしなことがあると、母がはっきり言ってくれました。そのことをすごく感謝しているので、もし聴覚障がい者の子どもを持つ保護者の方が読んでくれているならば、ぜひ色々と教えてあげてほしいと思います。

きっと将来、子どもは感謝するでしょうし、私も、もし将来子どもが聴覚障がい者だったらそういうふうに育てたいと思っています。

# 聞こえやすい声、聞こえにくい声

聴覚障がい者といっても人によって聞こえ方はそれぞれですが、私の場合は低い声の方が聞き取りやすく、高い声が苦手です。何人かで話していると、「こっちの人の声の方が低いのかな」というのはわかります。

若い女の子は声が高くて早口な人が多いので、聞こえづらいことも。会った回数が多ければ慣れてくるので、口を見なくても20％くらいは聞き取れることもあります。だからずっと一緒にいるマネージャーや母の声は聞き取りやすいです。実家で猫を飼っていますが、鳴き声は近づけば聞こえます。

難しいのはイントネーション。「雨」と「飴」は口の動きが同じなので聴者はイントネーションで判断すると思うのですが、私にはそれができないので、基本的には話の流れでどちらなのかを判断します。

発音は教えてもらってできるようになりますが、それでもたまにどうしてもうまくできないことも。

「ご縁」がどうしても「5円」と同じイントネーションになってしまい、うまく発音できなかったのですが、母に「御年賀」と同じイントネーションで言ってみなさいと教えてもらい、ようやく発音できるようになりました。

また声ではないですが、私の場合はパトカーより救急車の音の方がよく聞こえます。パトカーは音が高すぎて近ければ気づくのですが、遠くだとわかりません。同じ大きさのサイレンでも救急車は低いので、そこまで近づかなくても気づくことができます。

「男の人とはよく話すのに、女の人と話す時はスルーする」と言われたことがあるという人の話を聞いたことがあります。これも、人によって聞きやすい音とそうでない音があるので、周りの人がその人の聞こえ方を理解してくれればいいなと思います。

## 聴覚障がい者の中には文章を作ることが苦手な人もいる

先ほど話したように2級の人はほとんどが手話ができ、3級は半分くらい、4級・6級の人は手話ができない人もいます。全く話せない人は幼少期から手話だけでコミュニケーションを取っているので、そのような人たちにとって手話は第一言語となります。

**聴者が話している会話と手話では文法が全く異なるため、文章を読めない、書けないろう者もいます。**

例えば「明日の夜に食事に行きませんか？」という文章が、ろう者の友人とLINEをすると「食事　行く　明日　夜」のように、単語を繋げた文章で送られてくることもあります。

ＬＩＮＥで文章を送っても内容が理解されないこともあるので、スタンプなどを使って表現することも。私も長い文章は苦手で、仕事などで長い文章が送られてくると、たまに返信はマネージャーに任せてしまいます。

もちろん文章を作れる人もいます。社会人経験がある人はそれがほぼできている印象です。

社会に出ることで少しずつ色々なことを覚えることができ、例えばどこかに行く時に手土産を持って行くという行動なども、経験することで吸収していきます。聴者と関わりを持たずに生活していると、年齢を重ねても文章を作る、読むといったことができなかったり、それを知る機会がないこともあるようです。

耳が聞こえないのであれば、「筆談で」と考える聴者も多いですが、単語ならともかく、文章を作ること自体に慣れていない聴覚障がい者がいることも知ってもらいたいです。

# 手話について

**手話には大きく分けて、日本手話と日本語対応手話の2つ**があります。日本手話は、聴者が話す日本語の文法とは大きく異なり、独特の文法です。

手話を使うのは聴覚障がいの中でも「ろう者」が多めなので、手話の話ではあえて「ろう者」と表記します。

たくさんの文法がありますが、その中でひとつ例えると「今、私はジュースを飲んでいます」が、日本手話だと「今　ジュース　飲む　いる　私」になります。先ほどのＬＩＮＥの文章のような感じです。手話では自分のことを指で差す「私」が最後になります。「あなたはうるさい」と言いたい時も相手に指を差す「あなた」の手話は最後です。これを字幕に翻訳すると、語順が入れ替わっていると思います。それが日本手話で、英語の文法と似ています。

日本語対応手話は、話している日本語を語順通りに手や指で表現していく方法です。聴者が話している「今、私はジュースを飲んでいます」という文章であれば、「今　私　ジュース　飲む　います」というように順番に単語を手指で表現すると考えると、イメージがつきやすいのではないでしょうか。

そのため日本語を習得した中途失聴の人や聴者がよく使う傾向があります。

私は話すのが好きなので声を出してしまうけれど、手話と発話を同時にするのは大変。聴者の会話と手話では文法が異なるので、例えば「夜に食事をしに行く?」が日本手話では「夜　行く　ごはん」になります。同時に表現することは難しくて、小さい時から日本語音声だった私は、声を出しながら手話をするので日本語対応手話になります。ろう者と話す時は手話を使いながら口パクしています。

手話の他に指文字というものもあり、手と指を使って「あいうえお」などの五十音を表現します。名前などひとつずつの文字をしっかり伝えたい時や、新しい言葉を表したい時に役に立ちます。

## 言葉のズレについて

聴者の会話と手話には、使い方が違う言葉がいくつもあります。「ごはん」などが代表的です。

聴者は「ごはん」というと「朝ごはん」「昼ごはん」など、食事のことをイメージしますが、ろう者にとっては、ごはん＝白飯。「健康診断の日の朝は、ごはんを食べないで来てください」と言われたろう者が、パンを食べて来たというエピソードもあるくらいです。

また「〜中《ちゅう》」という表現も異なります。例えば聴者は「入浴中」「食事中」という表現を使います。手話でも同じような表現はありますが、「〜中」を使う範囲は手話の方が幅広いです。

何かをしている時の表現として使うため、電車に乗っていれば「電車中」、トイレに入っている時は「トイレ中」、デパートに出かけていれば「デパート中」、雪が降っていれば「雪中」と表現するのです。

そのため文面にもそのような表現を使い、聴者から不思議な顔をされることもあります。

しかし逆もあります。「閉鎖中」などは既に閉鎖された状態なので、手話では「閉鎖」になり、「中」はつきません。このように聴者の会話と手話には、たくさんの表現のズレがあるのです。

## 新しい言葉の手話

例えばＹｏｕＴｕｂｅやＴｉｋＴｏｋは、ここ数年でトレンドとなった新しいものなので、そういったものを手話で表す時は、伝わる方法をそれぞれで勝手に考えて表現しています。

## 〈SNSの実例〉

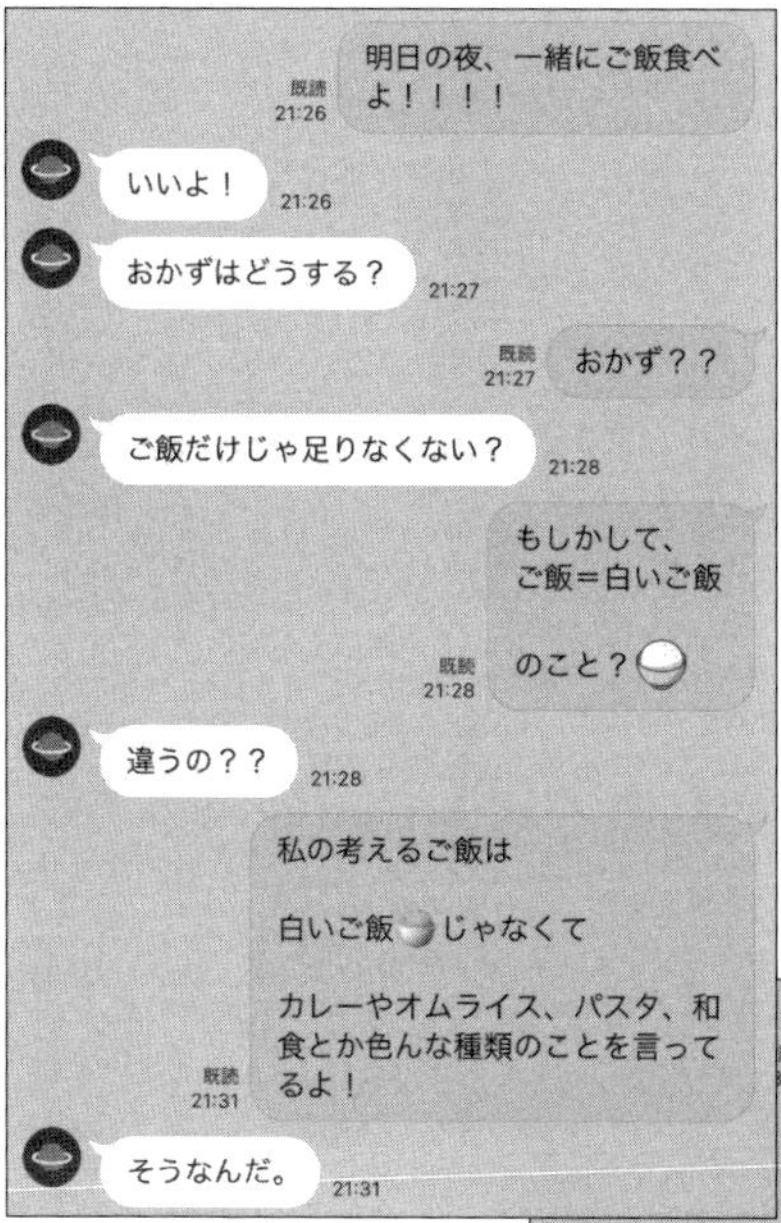
明日の夜、一緒にご飯食べよ！！！！
既読 21:26
いいよ！
21:26
おかずはどうする？
21:27
既読 21:27
おかず？？
ご飯だけじゃ足りなくない？
21:28
もしかして、
ご飯＝白いご飯
のこと？
既読 21:28
違うの？？
21:28
私の考えるご飯は
白いご飯じゃなくて
カレーやオムライス、パスタ、和食とか色んな種類のことを言ってるよ！
既読 21:31
そうなんだ。
21:31

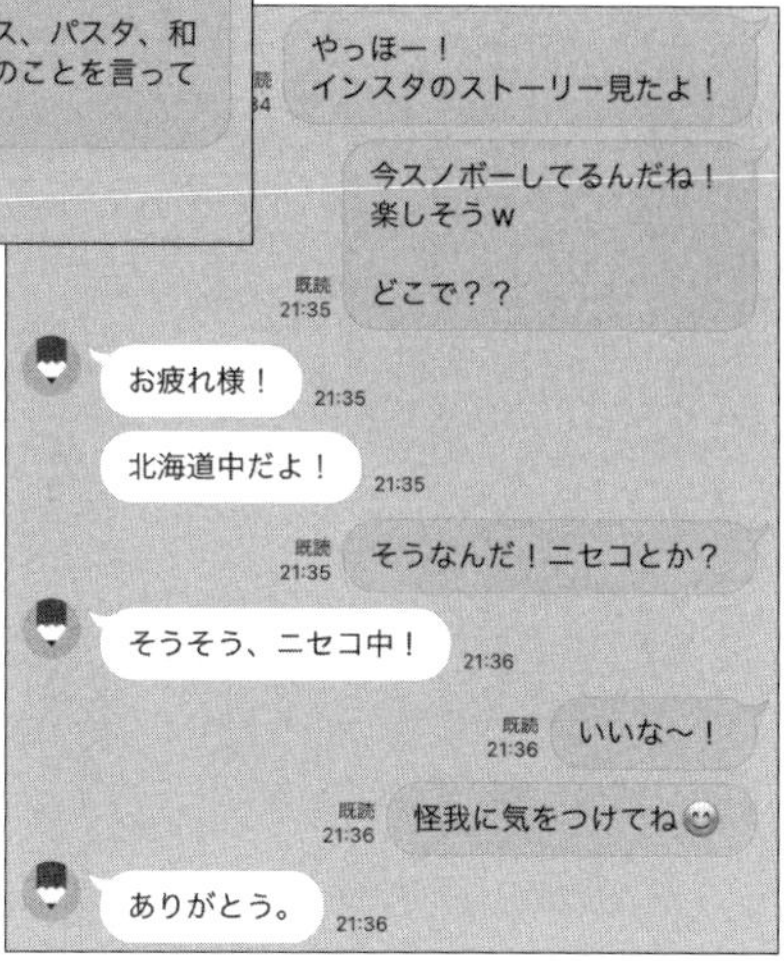
やっほー！
インスタのストーリー見たよ！
今スノボーしてるんだね！
楽しそうw
どこで？？
既読 21:35
お疲れ様！
21:35
北海道中だよ！
21:35
既読 21:35
そうなんだ！ニセコとか？
そうそう、ニセコ中！
21:36
既読 21:36
いいな～！
既読 21:36
怪我に気をつけてね
ありがとう。
21:36

TikTokなら私は大文字の「T」と「歌」という手話で表現したけれど、小文字の「t」を手で作って表す人もいるので、どれが正解とか間違っているということはなく、気がつくといくつかの表現方法がなんとなく広まって定着していることもあります。

動画で「手話で踊ってみよう」を投稿していますが、同じ曲なのに人によって手話が違うのもそれが理由。言葉の捉え方により意訳すると、同じ言葉でも手話の表現が違うこともあります。

なので、今までにやった「手話で踊ってみよう」は、私が意訳した歌詞を私の手話で表現したものになります。

## 手話の方言

手話にも実は方言があります。以前勤めていた手話ラウンジには、全国から色々な人が来ていたため、それを知ることができました。

例えば「水」は、一般的には、波のような手の動きをします。ですが、北海道の場合、小指を立てて、唇をなぞる表現をします。大阪の場合、手のひらの下部分をあごにつける仕草をします。全国各地で、水道の蛇口をひねる動きや、指文字「コ」の形をした指先を口の前で左右する動きなど、色々な表現方法があります（159ページ参照）。

ろう者とろう者の間では方言の手話が混じっていても、意味を理解することができます。わからなければその場でどういう意味か確認するからです。でも聴者には理解するのが難しいこともあるかもしれません。

手話ラウンジで働いたことで手話が非常に上達したのですが、その時のお客様の中でも印象に残っているのが70歳のおじいさん。

手話はすごく早いけれど口は動かさず、目を閉じたまま手話をするので読み取るのが大変で、単語だけを拾ってなんとか読み取っていました。私も手話で返したいのだけれどおじいさんは目をつぶっているので、うなずいているだけでした（笑）。

## いくつかの意味のある手話

ひとつの手話表現にいくつかの意味が生まれることもあります。例えば、「可愛い」と「愛している」は同じように表すことがあります。表現方法は、左手を少し丸めてそのままで、右手も少し丸めて左手の上で撫でるように回します（左利きの人は逆であっても構いません）。聴者は伝えた相手に意味を取り違えられないのか疑問に思うそうですが、そのようなことはあまりありません。

ろう者は表情を見ます。真面目な顔でしてきたら、「愛してる」と捉え、ニコニコした顔でしてきたら、「可愛い」だと判断しています。また、話の流れで捉えることもあります。

そして「可愛い」という手話は別の表現もあって、女性に対して「可愛い」だと左手で小指を立てて、右手で小指の上で撫でるように回す動き、男性に対して「可愛い」なら、左手の親指を立てて右手でその親指の上で撫でるように回す動きもあります。

また、最近の若者の告白の仕方で愛を伝えるなら、親指と人差し指の2本を使って「好き」の手話をします。ＬＩＫＥとＬＯＶＥが違うように、手話でもいくつかの表現方法があります。

ただこれらを聴者が全て理解することはなかなか難しく、そのため、手話を覚えたての聴者とろう者の間ではすれ違いが起きることも。

これればかりは経験を積んでいくしかありませんが、ぜひたくさん手話に触れてみてください。

## 聴者に覚えてほしい手話

聴者に覚えてもらいたい手話を挙げるとすれば、「ありがとう」「お疲れ様」「ごめんなさい」、あとは自分の名前の指文字でしょうか。一部紹介しますので、ぜひ覚えてみてください。

## ありがとう

両手の指先を伸ばし、左手の甲の上に右手をのせる

手の甲にのせた手をタテに垂直に上げる

## お疲れ様

右手でこぶしを作り、左手首を2回トントンとたたく

ねぎらう表情もつける

## ごめんなさい

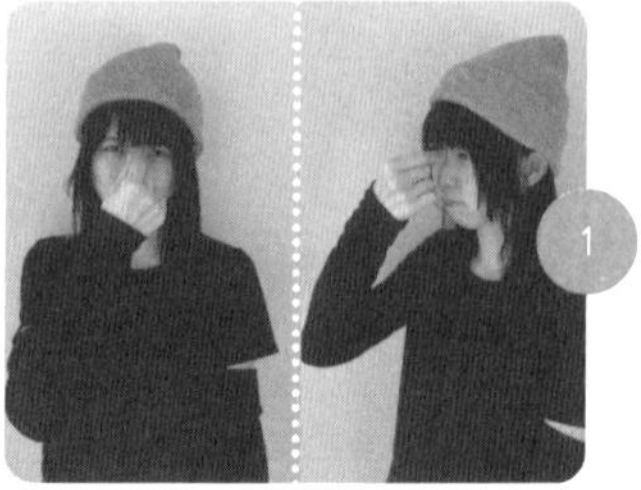


親指と人差し指で眉間をつまむようにする

指先を伸ばして前に下ろす

# 読唇術について

実は、聴覚障がい者の中でも日常的に手話を使って生活している人は全体の15％足らず。85％の人は手話をそれほど使わないといわれています。

しかし、なぜか日本では聴覚に障がいのある人とのコミュニケーション方法は手話だと思われがちです。現に私は手話を覚えたのは大人になってからですし、私のように読唇術をメインに言葉を読み取っている人もいます。

ただし、読唇術も聴覚障がい者の全員ができるわけではありません。

例えば聴者と関わりのない人は特に必要性を感じないでしょうし、実際に手話しかできない人もいます。聴覚障がい者同士でも、読唇術だけで生活してきた人と手話だけで生活してきた人がコミュニケーションを取ることは難しいことが多いです。

さらに文章が苦手な人もいるので、筆談も難しいとなると、そういう時はジェスチャーで伝えるしかありませんでした。

漢字の読み間違いもよくありますが、努力している人もいますので、表現方法やコミュニケーションの取り方は人によって様々だと思います。

読唇術を覚えるために、まずは自分が言葉を話せるように練習しました。口の動かし方、息の吐き方、舌の位置などをろう学校で見せてもらって、「あー、いー、うー」と発音の練習をしたら、お風呂でお父さんに合っているか確認をしてもらいました。

発音の仕方がわかったら、次は口の動きを読み取る練習。英語も自分が少し話せるようになると相手が話すこともわかってきますよね。そういうイメージです。「た」と「だ」のように口の動きが同じ文字は、息の吐き方や勢いで見分けます。あとは会話の流れから汲み取るなど、とにかく経験を積んでいくしかありません。

口の動きを見る癖をつけて、見続けること。聴者の世界で生活して働いていると読唇術のレベルはさらに上がります。YouTuberのユカコさんの読み取り力は私よりずっとすごいです。

読み取れるかどうかは話す相手によっても異なりますし、あ行、や行などの柔らかい発音の文字はわかりづらいことも。

また、周囲がうるさくて声が聞こえないと、やっぱり難しくなります。ちなみに腹話術の人の口は、全然読み取れません（笑）。

## 聴者と話をする時

私は読唇術で言葉を理解しているので、話す時はずっと相手の口元を見ています。表情も見ていますが、基本は口元が中心で、目は見ていません。

人の話を聞こうとすると集中力が必要なので、エネルギーを使います。他にもスマホアプリのUDトークを使うことも。相手の話したことを文字化してくれるので、聞き取れなかった時に役に立ちます。

筆談メインでやりとりをすることは、私の場合はほとんどありません。駅の窓口などに筆談メモがありますが、あれは聴覚障がい者がメモを求めたら対応するのがいいと感じます。

私の感覚ですが、求める前に差し出されると、「え！」とちょっとびっくりしてしまいます。

# 私が見たろうの文化

手話を第一言語にするろう者の文化はアメリカをイメージするとわかりやすく、表現はかなりストレート。「ありがとうございます。すみません、助かりました」などの表現を日本人はよくしますが、ろう者からしたら「どうしてありがとうって言っているのに、すみませんって言われるのか不思議」という感じです。

はっきり言わずに遠慮したり遠回しな言い方をしたりすることは、手話やろう者の文化にはない気がします。

また、季節のあいさつで使う「ますます寒くなってきましたね」の「ますます」なども使わないため、意味がわからないと思ってしまいます。他にも「何か買ってきて」では伝わらず、何を買ってきてほしいのかきちんと言わないと伝わらないことがほとんどです。

これがろう文化なのかなと思っていたのですが、事柄によって人それぞれだと私も実際に最近ろうの友人から教えてもらいました。

ろう独特の文化というものはありますが、十人十色ですので、知り合いにろうの方がいたら色々話してみるのもいいかもしれません。新しい発見があると思います。


でもそれはろう者の世界だけでなく、例えばＬＧＢＴの世界でもあるでしょうし、それを私が理解できなくてコミュニケーションがうまく取れなかったことも。だからそれぞれの世界観を理解することは、本当に難しいのだと思います。

## 聴者と関わりを持たないろう者

ろう者の中には聴者と関わりを持たずに生活している人もいます。理由は人によって違うと思いますが、自分の言語が手話なので怖い、無関心、必要性を感じないなどでしょうか。

聴者の世界と一度関わると、どのような世界があるのかイメージできますが、そうでないとイメージがしづらいのかもしれません。

デフファミリーといわれる、家族全員がろう者の人もいます。ろう者同士が結婚することが多いといわれていますが、実際にそうだと思います。

YouTubeクリエーターで友人のくろえちゃんも祖父、祖母、父、母が全員ろう者で、家族はみんな手話で会話をするので、とにかく手話が早いです。

YouTubeの配信動画も手話だけで字幕が入っていないものもあり、ろう者向けに作られています。

もちろん聴者と結婚しているろう者もいますが、それには聴者が手話を覚えることが必要かもしれません。ろう者が急に聞こえるようになることはないので、聴者が手話を覚えることができれば一緒に生活していけるのではないかと思います。

ちなみに耳が聞こえない両親を持つ聴者の子どもをコーダ（Children of Deaf Adults）、

聴覚障がいのあるきょうだいのいる聴者を、「聞こえない・聞こえにくいきょうだい」を持つ「聞こえるきょうだい」を表す言葉で、ソーダ（Sibling of Deaf Adult/Children）といいます。

# 聴覚障がいって？

## 感音性難聴の私の場合の

## 手話の方言

地方によって
異なる表現をする "水"

| 一般的には | 北海道 | 大阪 |
| --- | --- | --- |
| みず | みず | みず |
| 波のような動き | 小指のみ立てて口の前を左右に動かす | 手のひらをあごにつける |

## 指文字

☑ 五十音ひとつひとつに決まった指の形がある
☑ 片方の手で表現できる

Chapter 4

# 私がSNSで発信する理由

なぜ私がインフルエンサーとして発信し続けるのか。
それはこの世界から「障がい」という言葉がなくなればいいと思っているから。
いつか「個性」になるその日まで――。

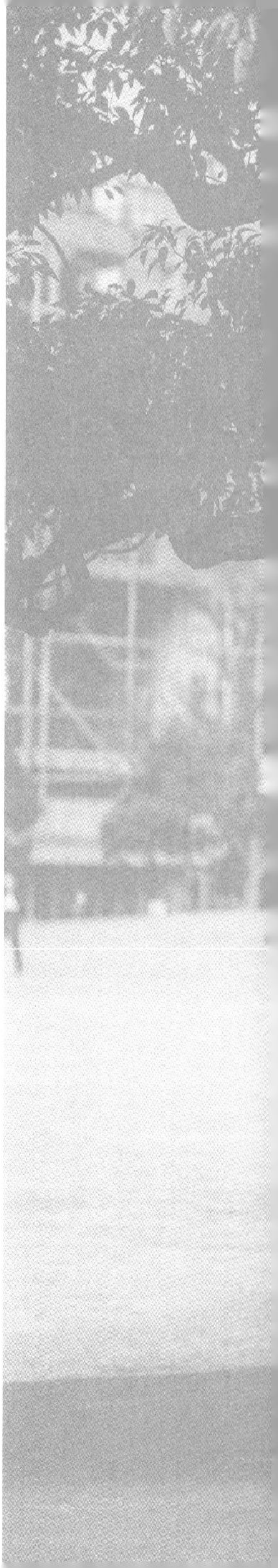

# 難聴うさぎの名前の由来

小さい頃から有名になりたい、芸能人になりたいという夢がありました。ティーン誌のオーディションなどを受けたこともあったけれど、聴覚障がいや補聴器をつけていることが理由で落ちたのかもしれないと思ったことも多いです。

それならば自分のＳＮＳでフォロワーを増やして有名になろうと考えるようになりました。

ＴｉｋＴｏｋを始めたのは２０１８年でした。その時たまたま流行っていたので友人と遊びで始めたことがきっかけです。アプリをダウンロードして色々な投稿を見ていたら、耳の聞こえない男の子が手話で踊って投稿している動画を見つけました。

その時に「耳が聞こえなくてもＴｉｋＴｏｋをやっている人もいるんだ」という

衝撃を受けました。それで、私も投稿してみることにしたのです。

最初は「うさぎ」という名前で発信していましたが、耳が聞こえないことを言うと非常に驚く人が多いことにびっくりしました。

私にとっては当たり前のことなのにみんながびっくりするので、それがいい意味で強みというか個性なのかなと考え、名前も「難聴うさぎ」に変えました。

耳が聞こえない私のことをかわいそうだと思う人もいますが、私は毎日を楽しく生きているので、私にとってそれは個性のひとつ。

例えば40人クラスの中に金髪で青い目をしている子が一人いても、その子は同じ人間。人と違うと目立ってしまうこともあるけれど、それはその人の武器のひとつであり、個性です。聴覚障がいもそれと同じことだと思っています。

# インフルエンサーという仕事

趣味というか好きなことは、やっぱり知らないことを知ることやチャレンジすること。良い意味で周りの人を巻きこむことが好きです。

例えばこの間ライブを開催したのですが、目的は来てくれた人に感動してもらうこと。聞こえない人と目の見えない人のピアノ連弾を行ったのですが、みんなが聞いたことのない世界を見てもらって、感動を届けることができたと思っています。

マネージャーも「世界一、ピュアで美しい連弾」と泣いていて、目が見えない演者のご両親も感動してくれました。

今は自分がやりたくて好きなことが仕事になっていて、主にYouTubeやTikTokのインフルエンサー、会社経営者、タレントとしての活動をしています。

インフルエンサーとしては自分が人とは少し違う個性を持っていることを発信しています。その中で耳が聞こえないこと、脚を手術したこと、コロナ禍でマスクをしていると大変だということなどを伝え、お互いが認め合える差別のない世界にしようとがんばっています。

会社員だった頃は出勤時間が決まっていて、朝早く起きるのがとても苦痛で……。でも起業してからは毎日が楽しいことばかり。インフルエンサーの活動は自分がわくわくすることとだけをやっています。

ただ最近ある人に、「あなたはプライベートも仕事になるでしょ?」と言われたのは想定外でした。別に甘えた気持ちで仕事をしているわけではなく、例えば休みの日でも配信ドラマを見ながらYouTubeに投稿する動画の編集をしたり、お風呂で髪を洗いながら動画を確認したり、アニメを見ながら仕事のネタに使えるかどうか考えたり、色々しています。

最近ではYouTubeで、人気の曲を『手話で踊る』シリーズを配信しています。例えばAdoさんの『新時代』は歌っている口元がわかる「歌ってみた」の動画を100回以上見て、口の動きでリズムを覚えました。

ピアノができるので三拍子や四拍子などリズムの取り方はわかるけれど、早口の部分などは理解するのにすごく苦労することも。スピードさえわかればあとは頭の中でリズムを数えて合わせます。自分で歌うのであれば音程は大切ですが、手話で踊るのでリズムさえわかれば大丈夫です。

動画は気楽に撮影して、編集の期限なども苦しくならないようにあまり厳しくは設けていません。最初に余計な部分をカットして、そこにマネージャーがテロップを全て入れるという流れになっています。

そこからさらに私が不要な部分をカットして文字のフォントや色を変えて、エフェクトやアニメーションを挿入。マネージャーは色覚障がいで色の判断が難しいので、そこは私の仕事。最後にマネージャーがBGMをつけて完成です。音の管理をマネージャー、映像の管理は私という感じで分担しています。

# YouTubeを通して伝えたいこと

TikTokのフォロワーが2020年に15万人まで増えました。当時のインフルエンサーはTikTokに加えて、YouTubeチャンネルを開設する人が多く、TikTokのコメント欄にも「YouTubeも始めてください」という声が増えてきたのです。2019年にはアカウントを開設していましたが、投稿し始めたのは、登録者数が約1万人になった2021年からでした。

TikTokは映像を加工して盛ることができるけれど、YouTubeでは加工なしの素の自分を出さないといけないため躊躇《ためら》ってしまいました。でも1万人も待ってくれている人がいるならば……と勇気を出すことに。最初は自分の動画を見ることが恥ずかしかったけれど、「今後も投稿を楽しみにしています」という期待の声が多くてほっとしました。

初めの頃の動画は、モーニングルーティーンなどいわゆるＳＮＳでバズる企画を中心に投稿していました。

でもバズるためには誰かを真似するだけではなく、他人と違うことをしなければと思うようになり、私が人と違うのは何か考えた時に気づいたのが、聴覚障がいがあるということでした。有名になるにはそれをアピールするべきだと思ったのです。

私が発信することで聴覚障がいを持つ人たちに、「自分にも色々なことができる」という可能性を感じてもらえたら嬉しいという気持ちがあります。

聴覚障がいだから何かができないと思われるのは嫌ですし、聴覚障がいがあってもなくても「今」は変わらないということを伝えたいです。

もちろん聴覚障がいだけではなく色々な障がいがあり、他の障がいを持つ人たちも色々な壁を乗り越えています。

私は他の障がいを持つ人とも動画でよくコラボをしますが、そうすることで相手に興味が湧き、色々なことを知ることができました。

例えば障がいのない人の中には、障がい者の恋愛に対して固定観念を持っている人がいるかもしれません。

でも障がい者にも彼氏はいて、デートもするし、彼氏に対して申し訳ないと思ったりそれを考えながら乗り越えたりすることもあるのです。

もちろん恋愛だけでなく友人との付き合い方なども含め、他の障がい者の話を聞くと、「そういうふうに考えればいいのか」と知ることができます。

私がYouTubeでそのようなことを発信することで、障がいがある人にもない人にも色々なことを知ってもらい、障がい者が不自由を感じない世界を作りたいです。そのためには拡散力が必要。誰かを救いたい時に拡散力が強いことはやはり武器になるので、登録者数を増やすことも重要だと考えています。

## 反響が大きい分、悩みも

SNSが大きくバズったのは、TikTokでアップした地球グミを食べる動画でした。「地球グミを食べている姿が可愛い」「食べながら話している声が変」など色々なコメントがありましたが、この動画で人気が急上昇して、そこでフォロワーが一気に5万人以上増えました。

コラボ動画も反響が大きいです。地球グミの後にアップをした骨形成不全症を持つ咲ちゃんとの動画も、たくさんの人が見てくれました。咲ちゃんとの動画はそれ以外も非常に再生回数が多かったし、肢体不自由下肢と聴覚障がいを持つ大くんとの動画も反響がありました。

私の場合、コラボをする理由は再生回数や登録者数を伸ばすことではありません。動画を通して、障がいのことを一人でも多くの人に知ってもらいたいという気持ちだけです。

ただ反響が大きい分、たまに気になるコメントをもらうことも。中でも「本当は難聴じゃないでしょ」と言われたのには傷つきました。

読唇術で言葉を読み取って話しているので、聞こえているように見えるのであればそれは褒め言葉かもしれませんが、その時はそんなふうに受け取ることはできませんでした。

他にも「話し方が前よりも上達した」と言われることもありますが、小学生の頃から話すことに関しては大きくは変わっていません。聴者の人もある程度の年齢から話し方や速度、イントネーションは変わらないと思いますが、それと同じです。

「手話が前よりも上手くなったね」だったら大人になってから覚えたのでわかりますが、話し方もまだ学んでいる途中と思われるのは少し違うと感じてしまいました。

でもそう言った方に私を傷つけるつもりはなく、悪気があるわけではなかったはずなので難しい問題だと思います。

# 会社を設立した理由

起業したのは、2021年の3月31日。高専の時からずっとハマっていた『ドラゴンクエストX』のオンラインゲームが9年目の時期でした。そのオンラインの世界では初めましての人とも、キャラクターの上に吹き出しが出て、話していることが文字化し、チャットで話せるということが、聞こえない人にとっては最高の世界だと感じました。不自由を感じずにコミュニケーションを取ることができ、これを現実世界でも実現したいと考えるようになったのです。

例えば聴覚障がい者が日常生活で使える、字幕が見える眼鏡を開発して作っている会社、骨伝導の製品を開発している会社に携わるといったことを実現できれば、その目標に近づくことができます。字幕が見える眼鏡は映画館で貸し出ししているものが現在もありますが、見た目がとてもゴツくて日常で使えるものではありません。

実際に起業した数ヶ月後、骨伝導集音器の開発をしている会社からお声がけいただき、翌年にクラウドファンディングにて、総額約４０００万円の支援をいただくことに成功しました。


もしどこかの会社に所属していたら、自分が提案したとしてもそれを自由にできるわけではないし、必ず担当できるわけでもありません。動画のコラボなども好きな人と好きなタイミングで行うことは難しかったと思います。

起業する時はそこまで深く考えていませんでしたが、今はそれが自由にできることに気づき、起業して良かったと思っています。

もちろん聴覚障がいだけでなく、他の障がいについても関わっていきたいです。

例えば新しい車椅子を広めるならば、私よりも実際の車椅子ユーザーがＰＲする方が説得力があります。そういうふうに障がい者が活躍できる事業を少しずつ広げていき、身近にいるみんなが幸せになってくれたら嬉しいです。

# わかりづらい聴覚障がい

聴覚障がいがあるかどうかは、街を歩いているだけではわかりづらいと思います。目の見えない人は白杖を持っていたり、足の悪い人は車椅子に乗っていたりします。でも私などの聴覚障がい者は補聴器をつけているだけなので、それが見えないと気づかれません。私も小さい頃は補聴器を髪の毛で隠していたし、そうすると余計にわかりづらいと思います。

もし周りの人が気づいていれば自転車や車が後ろから近づいてくる時に、「危ないですよ」と声をかけやすいと思いますし、事故にもなりにくいです。これらの解決策をずっと見つけたいと思っていますが、今はまだ見つけられていません。

でも聴覚障がい者自身も待っているだけではダメだと思います。助けてもらうのが当たり前ではなく、自分から発信して行動していくことで変えていきたいです。

# 学生時代をコロナ禍で過ごした人への思い

飲食店に食事に行くと、店員さんへの注文で苦労をすることがあります。基本的にはタイミングを見て呼ぶか、ずっと手を上げていることも。最近はみんなマスクをしているので、店員さんが説明してくれることは、わからなくても諦めるようになりました。

ただ、高級な寿司店などではやっぱりどのような食材が使われているのか気になることも。そういう時は事前に「耳が聞こえないので説明のメモをつけてください」とお願いしています。

諦める癖がついていたけれど、「こんなに美味しいものを何も知らずに食べるのはもったいない」と思うようになりました。

コロナ禍でみんながマスクをしてしまい、不安になった聴覚障がい者は多いと思います。私はＴｉｋＴｏｋなどで耳が聞こえないことをアピールする中で、マスクをしていると会話がわからないことも発信しています。

初対面の人にも、口の動きを見たいのでマスクを外してもらうようにお願いしていましたが、公共の場では防疫面の問題があるので難しい部分もあるのは仕方がないと思っています。

大人でもこのように感じているので、学生時代をコロナ禍で過ごしている聴覚障がい者はもっと大変だったのではと想像しています。例えばマスクをつけたままの団体行動やコミュニケーションは、想像以上に大変そうです。

私は同じ境遇にいなかったので経験はしていませんが、大丈夫だったのかと心配になります。いつかどうやって乗り越えたのか聞いてみたいです。

# 障がいのある子の親に伝えたいこと

私が両親に一番感謝しているのは、聞こえないがために気づけないことを教えてくれたことです。咀嚼音、ものを置く時の音の大きさ、イントネーションなど、小さい頃から細かく注意されました。

それぞれに役割があったのかもしれませんが、私に注意してくれたのはお母さん。父や祖父母やいとこなど、他の親戚から言われたことはありませんでした。もしお母さんがその役目をしなかったら、他の誰かがしていたのかもしれません。

母は「耳が聞こえないからできない」ではなく、「耳が聞こえなくても何でもできる」という考え方で私を育ててくれました。

ピアノを弾くことについてもそうですし、歌うこともそうです。音楽の授業で歌う時に口パクをしていたというエピソードを聴覚障がい者からよく聞きますが、私の場合はお母さんが「音程がズレているよ」とストレートに教えてくれました。それでも一緒に歌いたかったけれど、教えてくれたことはありがたかったです。

だから私は障がいがある子どもを持つ親や家族に、「知らないを知るに変える意識を持つ」「子どもに正しい情報を教える」「子どもの障がいのことを調べて歩み寄って聞くことを諦めないでほしい」ということを伝えたいです。

保護者に限らず、聴者の人に伝えたいのは、色々なことを知ってほしいということ。聴覚障がい者のことを知らないから、聴覚障がい者と関わることに恐れを持っている聴者も多いと思います。

例えば文字を読めない、手話ができない聴覚障がい者もいること、文章を作ることが苦手だったり、補聴器をつけていても電話ができなかったりすることなど、聴者が知らない聴覚障がい者の状況はたくさんあります。

でも知ることができれば、次にどうやって接すればいいかだんだんわかってきます。そういう人が少しずつ増えていけば、もっともっと聴者と聴覚障がい者のコミュニケーションが取りやすくなっていくと思います。

私にも同じような経験があります。車椅子の人にどうして足が悪くなったのか、白杖を持っている人になぜ目が見えなくなったのか聞くことはなかなかできませんでした。もちろん相手によるとは思いますが、気になっているならば本当は聞いた方がいいと思います。

日本人は気遣いの気持ちが強いというか、そういった事情を聞くことに対して遠慮する傾向が強いです。でも私の場合は、相手が自分のことを知ろうとしてくれている気持ちはすごく嬉しいし、ポジティブに受け止めることができます。

## 障がい者に対して思うこと

聴者が聴覚障がい者と関わるのを恐れているように、聴覚障がい者の中にも聴覚障がい者の外の世界を知ることを諦めている人もいると思います。
障がい者には障がい年金が支給されるため、社会に出なくても生活することは可能だったりします。国からの支援が手厚いと思う一方、「障がい者は働かなくていい」「外の世界に出てこなくていい」と言われているように感じることもあります。

障がい者の中にはあえて障がい年金をもらっていない人もいるそうですが、私はもらえるものはもらった方がいいと思います。けれど外の世界と関わることを、諦めてほしくありません。

聴者と関わるのが面倒くさい、自分は聞こえないから何を話されているかわからないなどと思うかもしれませんが、聴者に言ったのと同じで、それはお互いに色々なことを知らないだけ。自分自身で壁を作ってしまっているのだと思います。

私自身は聴者と聴覚障がい者の世界を積極的に行き来して、みんなに自分たちのことをもっと知ってもらう努力をしようと思っています。「知らない」から「知る」に挑戦すること、世界を変えるならば自分が変わることが大切だと気づきました。

だからどのような方法でもいいので、障がい者からもっと色々なことを発信してほしいです。自分にはこんな障がいがあるけれどこういう生活をしているとか、新しい技術が開発されたおかげでこんなに便利になったなど。

発信者が増えるほど、障がいのない人は知らないことを知ることができ、安心した気持ちになれると思います。そしてどうやって障がい者と接したらいいか知ることができれば、友人にもなれます。もし周りに批判されても、伝えることを諦めないでほしいです。

今の若い人たちが「障がいがあっても色々なことができるよ」と発信することで、世の中の固定観念が崩れて、外の世界を知らない障がい者が自分にももっと色々なことができると思えるような世界になってほしいです。

## 「障がい」という言葉をなくしたい

私のYouTubeチャンネルには障がい者と障がいのない人5人で焼肉をした動画があります。それを見てもらうとわかるのですが、私たちは自分の障がいのことを笑って話すこともあるのです。

骨形成不全症を持つ咲ちゃんに「今まで何回骨折したことがあるの？」と聞くと、普通に「50回はある」と答えるので私たちが驚くと、「ポキッて折れる音も聞こえるよ。慣れだよ」と笑いながら話してくれました。

笑って話せることはすごいと思うし、私もこの動画を見るとつい笑ってしまいます。障がいを触れてはいけないものではなく、フランクに話題にしているのです。

よくコラボする元メインハイチャンネルのコウキくんは高校生の時に頸椎《けいつい》損傷を負い、車椅子生活に。幼なじみ2人が介助者として3人でYouTubeチャンネルを運営していました。障がいを持ちつつもお笑い芸人を目指していて、YouTubeでも私と同じようにポジティブに発信しています。

私は障がいは個性のひとつだと考えています。だから「障がい」という言葉もなくなればいいと思っています。

例えば色が判別できないことを「色覚障がい」といいます。確かに名前があることで安心する人もいると思いますが、「色の見え方が他の人と違う」という特徴でいいのではないかと思うこともあります。

言葉があることで受け止め方が重くなりすぎ、言葉が難しいから「それって何ですか?」となってしまいます。

骨形成不全症も「骨が折れやすいです」と具体的に言われれば、「ああ、接する時に気をつけよう」と思うことができるかもしれません。

実際に咲ちゃんは自分で軽く叩いて骨折したり、隣の人に少し触れただけでボキッと骨が折れたこともあるので、私も一緒にいる時は気をつけています。

「身体障がい者」とか「骨形成不全症」とか、難しい言葉だけ言われても、どうすればいいのかわからない人も多いのではないでしょうか。

# 人生は一度きり

Chapter1にも書きましたが、昔からどうしてもコンビニでアルバイトをしてみたくて、1年ほど働いたことがあります。それまで耳が聞こえない人がコンビニで働いているのを見たことがなく、面接をお願いする方法も電話がほとんどでした。

でも私は電話をすることは難しいので、店頭に貼ってあるポスターを見て、そのままレジに行き「アルバイトしたいです」と伝えました。

その時は店長が不在で後日連絡をもらうことになったのですが、電話ではなくメールで連絡をもらえるように依頼。障がいについて理解がある方で、面接で実際に話をしたところ、「読唇術で会話ができるなら大丈夫だろう」と採用してくれました。

実際に働くことになり、店が「聴覚障がい者です」という名札を用意してくれました。でも私以外で今までにこういったものをつけて働いている人を見たことがありません。コンビニで働くのは会話が多いイメージかもしれませんが、お客様が商品を持ってきて、こちらが必要なものを聞くのがメインです。当時はまだみんながマスクをつけている時代ではなかったので、読唇術で会話をすることができました。

もちろん働かせてくれるかどうかは、店舗によって異なると思います。私も最初は、接客業だから耳の聞こえない私にはできないだろうという固定観念がありました。一人で店にいる時に困ったことが起きても電話で確認ができないので、自分には働くことはできないかも……と。でもダメ元で問い合わせたところ、採用してもらうことができました。

コンビニで働くことは小さい頃からの夢で、人生で一度はやりたいことだったので、「今行かないでいつ行くんだ」という気持ちで突撃しました。

これを読んでコンビニで働きたいと思っている聴覚障がい者はもちろん、自分には無理かもしれないと何かを諦めている障がい者の人にも、勇気を持ってもらいたいです。私の人生の原動力は、色々なことをやってみよう、色々な人と関わってみようというコミュニケーション力からきています。

## 人生の主役になろう

私が伝えたいことのひとつに、「人生は一人ひとりが主役で、他人が決めた人生を歩まなくてもいいんだよ」ということがあります。

動物でも花でも何でもいいですが、本当に好きなものであれば人はたくさんの知識を持っています。大好きなことだからみんなそれについてたくさん話してくれるのに、その人が好きなものとかけ離れたことをしている場合もあります。そういう時に「それって本当にやりたいこと？　何がしたいの？」と疑問に思ってしまうのです。大切なのは「できること」ではなく、「やりたいこと」だと思います。

例えば私が芸能人になれないとわかったとして、ならば他にできることを探そうとすると、それは「やりたいこと」ではなく「できること」になってしまいます。敷かれたレールに乗るのではなく、レールは自分で敷けばいい。テレビに出たいけれど無理ならば、自分で番組を作ればいいと思うし、こういうふうに自分で活路を見出す方法もあるということを伝えたいです。

**人生は一度きり。自分が主役にならなければもったいない！**

# 難聴うさぎが伝えたいこと

## 人生は一度きり。やりたいことには挑戦を！

## 障がいは個性のひとつ！

だってね、人生は一度きりなんだよ。

私は"できない"とか"かわいそう"を覆して、

耳が聞こえなくても、人生は前向きになれるって伝えたい！

敷かれたレールに乗って「できること」を選ばずに、

「やりたいこと」をやっていい。

**人生は自分で決めていいんだよ！**

障がいがある人も　目の前に大きな悩みがある人も

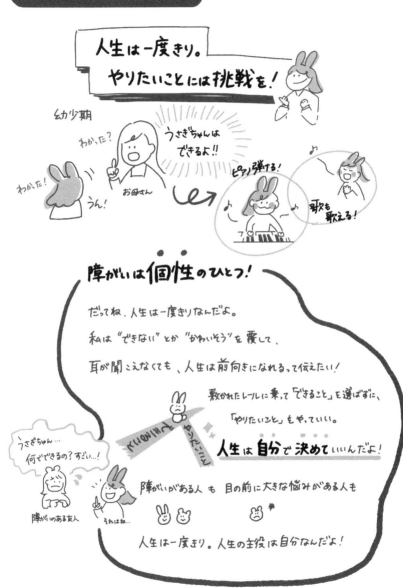

人生は一度きり。人生の主役は自分なんだよ！

# おわりに

最後まで読んでいただき、ありがとうございました。

私は幼い頃から多くの夢と目標を持ち、本書にも述べたように、叶えてきた夢がたくさんあります。昔から周りに、「未来」のことをちゃんと考えていてすごいねと言われてきました。けれど、私がいつも大切にしてきたのは「今」です。「今」は「過去」の積み重ねの結果であって、「未来」は「今」という時間の積み重ねです。

「今」の状況がたとえ良くなかったとしても、それは今までの自分の行動の積み重ねの結果だと思っています。

そもそも「今」の状況が良くないと思っても、何もしなければ、勝手に「未来」が良くなることはないからです。「未来」は「今」が変わらなければ、一生変わることはありません。

皆さんは一度きりの人生をどう生きているでしょうか。人生は長いようで実はあっという間です。

心の底からやりたいと思ったことを皆さんはできていますか？　やりたくないことをやらな

ければならないこともたくさんあります。「私はこんなどうでもいいことをするために生まれてきたわけじゃない……」と思うこともあると思います。

それでも……、諦めないでください。

私にもまだまだ叶えられていない夢がたくさんあります。

私たちが生きている時間《とき》は「今」であって、「過去」ではなく、「未来」でもありません。目の前のどうでもいいことも含めて、現時点の「今」をしっかりと見つめて、「今を変化させ」「今を生きる」ことを大切にしてみてください。

少しでも意識が変われば、世界も変わって見えてきます。

私はSNSで、不自由さを感じている人たちが、不自由さを感じない社会に、生きやすい世の中に変えていけるように発信し続けていきたいと思っています。

また、この本を通しても「今」を発信し続け、「未来」に繋げていきたいと思います。

生きていると、辛いことや悲しいこと、色々と大変なことが起こりますよね。受験であったり、就職であったり、突然の事故や病にかかったり、身近な人の死であったり……。生きていれば、望まない出来事に出会うことは人間誰しもあることだと思います。私はそれを「乗り越

える べき試練」だと思うようにしています。

私の人生をゲームに置き換えると、今世の物語のシナリオは、あえて耳が聞こえない女の子、そして他にも色々病だったり障がいを持って生まれてきた設定ということになります。だとしたらどうでしょうか。

その主人公がどうやって、今本書を読んでいる皆さんと同じ時代を生きて、訪れる試練をクリアしていくのか、少しハラハラ、わくわくしてきませんか？　もちろん主人公には、皆さんと同様に、悲しく辛い出来事も必ず訪れますが、きっと乗り越えていけます。

この本を読んでくださっているあなたも、人生の主人公になってみてください。

難聴うさぎ

人生は自由でいいんです。

枠にとらわれず、読んでくれた皆さんの人生が

より素敵なものになりますように。

【著者プロフィール】

## 難聴うさぎ


先天性の聴覚障がい3級・感音性難聴。生まれつき耳が聞こえず、コミュニケーションは補聴器から伝わる振動と読唇術にて行う。中学3年生の時に自分の障がいと向き合った作文が、人権作文コンテストの島根県大会最優秀賞に選ばれ、全国大会で法務省人権擁護局長賞を受賞。住宅メーカーや手話ラウンジでの勤務を経験し、現在は耳についての発信をYouTubeやTikTokなどで行うインフルエンサーに。SNS総フォロワー数は約55万人（2023年3月現在）。様々な障がいのある人とも協力し、障がいのことをもっと世の中に伝える活動を行っている。


【参考文献】


『耳の聞こえない人、オモロイやん！と思わず言っちゃう本』大谷邦郎　編著（星湖舎）

『ろう者のトリセツ 聴者のトリセツ―ろう者と聴者の言葉のズレ―』関西手話カレッジ　編著（星湖舎）

『知ろう！学ぼう！障害のこと 聴覚障害のある友だち』山中ともえ　監修（金の星社）

『聴覚障害教育 これまでとこれから コミュニケーション論争・9歳の壁・障害認識を中心に』脇中起余子　著（北大路書房）


【参考WEBサイト】


障害者の差別解消に向けた理解促進ポータルサイト
https://shougaisha-sabetukaishou.go.jp/

障害者白書 - 内閣府
https://www8.cao.go.jp/shougai/whitepaper/index-w.html

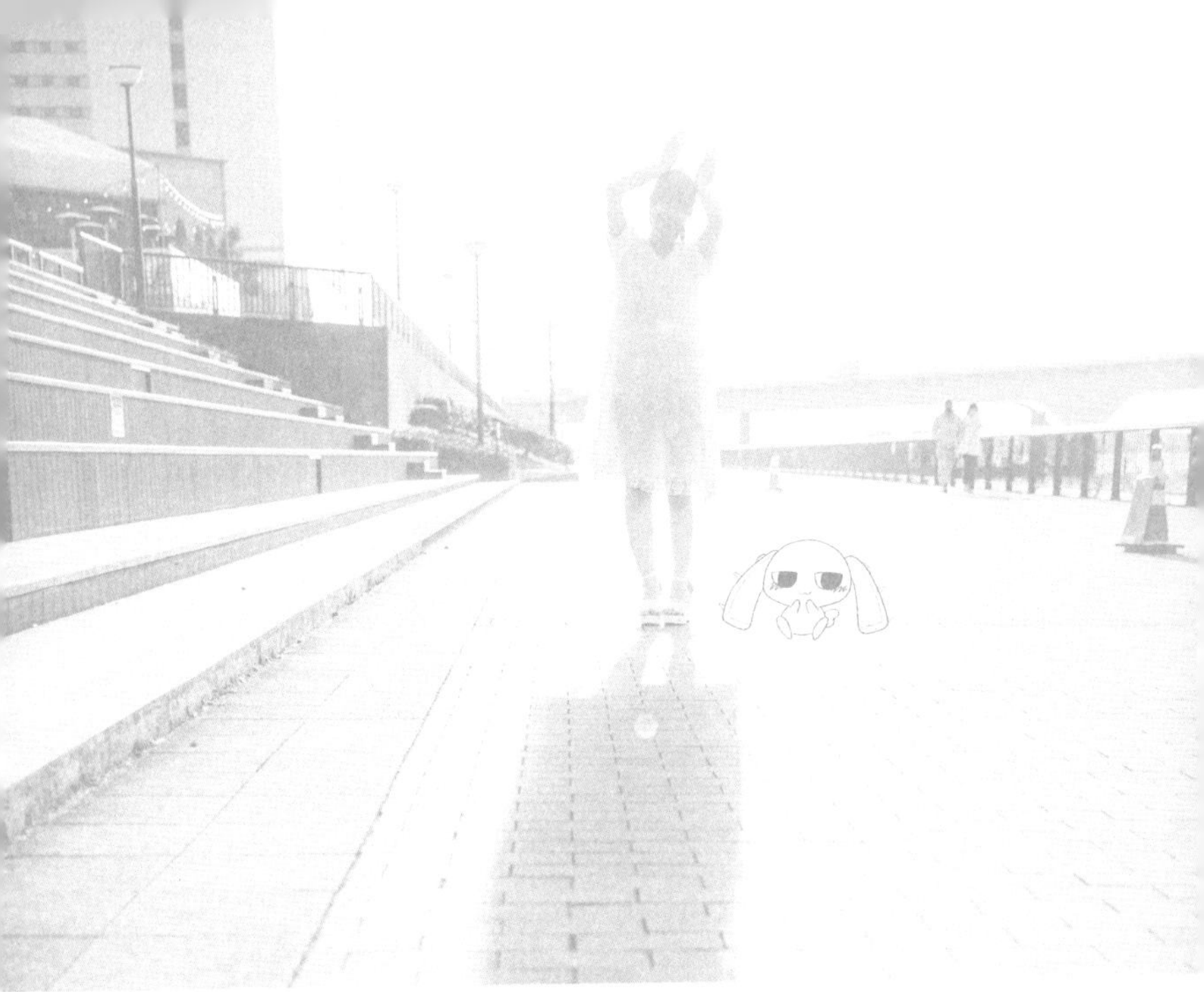

# 音《おと》のない世界《せかい》でコミュ力《りょく》を磨《みが》く

2023年4月26日　初版発行

著　者　難聴《なんちょう》うさぎ
発行者　山下直久
発　行　株式会社KADOKAWA
〒102-8177 東京都千代田区富士見2-13-3
電話　0570-002-301（ナビダイヤル）
印刷所　大日本印刷株式会社
製本所　大日本印刷株式会社


ISBN 978-4-04-606322-9 C0095